EL REENCUENTRO ENTRE ESPAÑA Y ARGENTINA EN 1910

Camino al Bicentenario

CEDODAL

EDICIÓN DEL LIBRO

DIRECTOR
Arq. Ramón Gutiérrez

COORDINACIÓN EDITORIAL
Mg. Arq. Patricia Méndez
Lic. Elisa Radovanovic

FOTO DE TAPA
Alegoría de España y Argentina en el Centenario,
Tarjeta postal, Colección CEDODAL

ISBN 978-987-1033-26-3

EXPOSICIÓN

CURADURÍA
Mg. Arq. Patricia Méndez, Dr. Rodrigo Gutiérrez
Viñuales y Lic. Elisa Radovanovic

COORDINACIÓN Y MONTAJE
Arqs. Florencia Barcina, Dora Castañé y Jorge Tomasi;
Srta. Yésica Abiega

AUSPICIANTES
Embajada de España en la Argentina
Agencia Española de Cooperación Internacional, AECI
Instituto Andaluz del Patrimonio Histórico

AGRADECIMIENTOS
Laura Colombo
Román Fernández-Baca Casares
Magdalena García
Margarita Gibbons

DISEÑO GRÁFICO
D.G. Marcelo Bukavec. marcebuk@ciudad.com.ar

IMPRESIÓN
Marcelo Kohan / Impresión & diseño

CEDODAL
El reencuentro entre España y Argentina en 1910 : camino al Bicentenario / CEDODAL ; coordinado por Patricia Méndez y Elisa Graciela Radovanovic ; dirigido por Ramón Gutiérrez - 1a ed. - Buenos Aires : CEDODAL - Centro de Documentación de Arte y Arquitectura Latinoamericana: Oficina Cultural de la Embajada de España e Instituto Andaluz del Patrimonio Histórico, 2007.
120 p. : il. ; 29x21 cm.

ISBN 978-987-1033-26-3

I. Relaciones Internacionales. I. Méndez, Patricia, coord. II. Radovanovic, Elisa Graciela, coord. III. Ramón Gutiérrez, dir. IV. Título
CDD 327.1

EL REENCUENTRO ENTRE ESPAÑA Y ARGENTINA EN 1910

Camino al Bicentenario

CEDODAL

EMBAJADA DE ESPAÑA EN LA ARGENTINA — Oficina Cultural

JUNTA DE ANDALUCÍA
Consejería de Cultura
Instituto Andaluz del Patrimonio Histórico

ÍNDICE

RECUERDO DEL CENTENARIO ARGENTINO 1810-1910

Presentación

Ante la proximidad del Bicentenario de la Revolución de Mayo, se multiplican los proyectos que, desde distintas perspectivas, desean contribuir a esta importante conmemoración argentina.

Entre las propuestas recibidas, para la Embajada de España resulta particularmente grato brindar su apoyo decidido y solidario a aquellas que, con motivo de la celebración del aniversario, ponen de relieve las estrechas relaciones culturales que históricamente han mantenido nuestros pueblos.

En este sentido, resulta de gran interés la publicación que hoy ve la luz en el marco de la muestra preparada por el CEDODAL, ya que permite apreciar no sólo valiosas facetas de la presencia española en este país durante las primeras décadas del siglo XX, sino también el fluido intercambio que existió entonces entre ambas orillas.

De forma articulada, al panorama general de la Argentina de aquella época que presenta la introducción, se suman estudios relacionados con el papel que desempeñó la inmigración y la labor de las colectividades hispanas en tiempos del Primer Centenario; otros textos recuerdan a las personalidades, escritores y viajeros que visitaron el país en aquella oportunidad o hacen referencia a la participación institucional española en los actos conmemorativos. A continuación, varios artículos destacan la valiosa intervención de españoles en el ámbito de las artes y las humanidades de este país, así como los trabajos elaborados por ilustres hispanistas argentinos. También son motivo de análisis los testimonios urbanísticos y sociales de aquellos que regresaron a su tierra natal y la continuidad de la presencia hispana en tierras argentinas.

Este amplio espectro temático, al tiempo que contribuye a recrear la memoria de un pasado compartido, invita a reflexionar con optimismo acerca de la posibilidad que también hoy tenemos de enriquecer día a día el accionar conjunto que siempre ha resultado positivo; y de profundizar la cooperación que la Argentina y España han sabido brindarse mutuamente, tanto en tiempos de prosperidad como en circunstancias difíciles.

Antonio Prats Marí
Consejero Cultural

Tarjeta Postal editada en conmemoración del Centenario de la Revolución de Mayo, 1910 (Archivo CEDODAL)

La Argentina en el Centenario

En 1910 se cumplió el Centenario de la Independencia de los territorios que conformaban la República Argentina. Desde hacía tres décadas la Nación avanzaba bajo una conducción liberal en lo económico y autoritaria en lo político que había articulado el país al mercado mundial.

Siguiendo los designios de Inglaterra -que había invertido en Argentina el 35% de sus exportaciones de capital- estos territorios abiertos se vertebraron bajo un modelo agroexportador que abastecía con materias primas los requerimientos del desarrollo industrial europeo. Para llevar a la práctica este proyecto fue necesario transformar nuestra embrionaria identidad americana.

Bajo la consigna de Sarmiento *civilización o barbarie* se deslindó la distancia entre lo europeo y lo americano, adscribiendo las elites económicas del país a la fantasía de recrear una sociedad más *europea* que la de cualquier país europeo, en la medida que pretendía abarcarlos a todos. Para ello, siguiendo la idea de Alberdi de *"gobernar es poblar"*, se trajeron numerosos contingentes de inmigrantes de todas procedencias y se buscó crear una sociedad cosmopolita generando el poblamiento de áreas rurales, a la vez que se aceleraba el proceso de urbanización.

En 1914 Buenos Aires tendría más extranjeros que argentinos y vivirían allí más españoles que en la mayoría de las ciudades españolas. Estos indicadores son demostrativos del sustento dominante de la mano de obra inmigrante, mayoritariamente italiana y española, pero también podemos señalar la predominancia inglesa en los sectores de contralor económico (ferrocarriles, puertos, incipientes industrias de transformación agropecuarias o agroforestales).

Las elites locales adherían a las propuestas de los refinamientos culturales afrancesados y Buenos Aires aspiraba a ser París tanto como las ciudades del interior querían mimetizarse con la Capital. La euforia del progreso indefinido -que sufrió un profundo sacudón con la crisis de especulación de 1890- se había afianzado luego que la incorporación de millones de hectáreas de la pampa húmeda aseguró la conformación de la Argentina como *granero del mundo* por sus cosechas inconmensurables de trigo y maíz.

La política de colonización agrícola iniciada a mediados del siglo XIX adquirió una dinámica espectacular por el impulso de las nuevas vías de comunicación definidas por el ferrocarril, cuyos intereses económicos tendieron a valorizar sus apeaderos y estaciones conformando poblados próximos. Una nueva estructuración del territorio se superpuso a la organización de la ciudad-estado del período hispano y muchos pueblos antiguos sucumbieron a la competencia de los *pueblos nuevos* del ferrocarril. La distribución de la tierra rural -que en la época española se efectuaba desde la ciudad- fue reemplazada por una diferente división parcelada de los terrenos, conformándose *colonias agrícolas,* conjunto de chacras en cuyo centro se ubicaron incipientes núcleos de servicios urbanos para una actividad predominantemente rural.

Este país, pleno de transformaciones y de contradicciones, fue el que brindó a múltiples hombres de la cultura y las letras españolas en las vísperas del Centenario Patrio. La euforia del momento se plasmó en los preparativos de los festejos, dentro de los cuales adquirieron gran relevancia las visitas de distinguidas personalidades europeas. Ya habían pasado o se anunciaban George Clemenceau, Guglielmo Ferrero, y la aristocracia conservadora se arremolinaba estremecida al escuchar las prédicas socialistas de Jean Jaurès o las republicanas de Blasco Ibáñez, sin contagiarse con aquel extravagante arrebato que era considerado válido para países *civilizados* pero no para esta Argentina que recién estaba resurgiendo de su innata *barbarie* americana.

Pero la presencia hispana era determinante. El arribo de Vicente Blasco Ibáñez coincidió en el mismo barco con el de Anatole France y la competencia por los favores del público porteño fue inmediata. El prestigio del español trascendía los círculos "cultos" que esperaban al francés. El Secretario de Anatole France, Brousson así lo atestiguó: *"De entrada ya nos dio jaque mate. Una multitud inmensa y delirante ha ido a esperarle..."*.[1]

1. BROUSSON, Juan Jacobo. *Anatole France en la Argentina. (Itinerario de París a Buenos Aires).* Buenos Aires. s/f.

25 de mayo de 1906, dibujo de Alfonso Bosco publicado en revista *PBT,* Año 3, T II, N° 88

Luego de su etapa porteña Blasco Ibáñez recorrió el país quedando deslumbrado por la inmensidad del territorio, la variedad del paisaje y las culturas urbanas y rurales. Siempre aclamado por fervorosas muchedumbres. De esta experiencia nació su enamoramiento con estas tierras y su espíritu de colonizador y Blasco Ibáñez, como muchos intelectuales transformaría su punto de vista *"América aparece no ya como un símbolo, alusión o trasfondo, sino como una presencia directa y como escenario. Esa presencia va acompañada de la consideración sobre el papel histórico que cumplió España con el descubrimiento y la colonización de la América indígena"* [2].

Por ello, Blasco Ibáñez sintió una fuerte voluntad por reiniciar la empresa colonizadora, a la vez que a la distancia revaloró el papel testimonial de su patria en territorio americano. A la vez, muchos otros españoles desde el Centenario apostaron por el fructífero reencuentro cultural, mientras intelectuales argentinos cuestionaban la intencionada enajenación cultural del siglo XIX y denunciaban abiertamente la *leyenda negra* que ingleses y franceses habían contribuido interesadamente a crear y difundir.

En camino al Bicentenario de la Independencia las memorias de aquel reencuentro de 1910 y sus secuelas, marcan un punto de inflexión notable que hoy tratamos de recordar a través de las manifestaciones diversas que rodearon al acontecimiento y han ayudado a fortalecer los lazos de amistad entre nuestros pueblos.

Arq. Ramón Gutiérrez
Director del CEDODAL

2. SMITH, Paul. "América en la obra de Blasco Ibáñez" en AA.VV. *Vicente Blasco Ibáñez. La aventura del triunfo. 1867-1928.* Valencia: Diputación de Valencia; 1986.

Miradas a la inmigración española en el Centenario

Dra. Mariana Giordano
CONICET, UNNE

El fenómeno inmigratorio en la Argentina, propiciado por la Ley de Inmigración y Colonización de 1870, encontró la contraparte en el Estado español a través de una Real Orden que dio libertad para emigrar sin la necesidad de realizar los depósitos requeridos hasta entonces para hacerlo.

Si bien los italianos constituyeron una abrumadora mayoría, la inmigración española arribada en forma masiva a la Argentina tuvo períodos de mayor afluencia en cuatro lapsos de los siglos XIX y XX: un primer momento podemos ubicarlo entre 1880-1914, en particular a partir de la pérdida española de Cuba y Puerto Rico en 1898; luego durante la Guerra Civil española de 1936-1939, en el transcurso de la Segunda Guerra Mundial, 1939-1945 y entre 1946-1955, correspondiente a la época peronista en la Argentina.

Nos centraremos en este caso en la inmigración española en torno del Centenario de la revolución de Mayo (1910) y de la independencia argentina (1916). Cuando la Argentina se prepara en 1910 para festejar el primer Centenario de Mayo, la oleada masiva de italianos y españoles ya se había producido, mientras seguía presente el flujo de llegada de los últimos, habiendo ingresado entre 1901 y 1910 un total de 652.658[1]. Un importante número de españoles ya había logrado espacios relevantes en la sociedad argentina, la comunidad se encontraba expandida, logrando su consolidación hacia 1920.

Los españoles que arribaron en ese período, sucedieron en número a los italianos —hecho que en algunos casos limitó el acceso a la tierra-, tuvieron un importante asentamiento en zonas urbanas y se dedicaron al comercio y a diversas tareas manuales. Se suele afirmar cierta

1. Es de destacar que de este total un 25% retornaron a su país. Véase DEVOTO, Fernando. *Historia de la Inmigración en la Argentina.* Buenos Aires: Sudamericana; 2004. P.235.

"Inmigrantes españoles comiendo en la cubierta de un barco antes de descender en el puerto de Buenos Aires". León Juan Bautista Lacroix, 1910. (Colección María Luisa Lacroix)

"Casa de Inmigrantes". Samuel Rimathé, ca. 1895. (Colección César Gotta)
"Un conventillo (habitaciones de madera). Samuel Rimathé, ca. 1895. (Colección Ignacio Gutiérrez Zaldívar)

aversión de los españoles a las zonas rurales y su escaso éxito en actividades agrícolas, pero esta afirmación debería ser matizada si se tiene en cuenta que en la primera década del siglo XX, cuando su llegada fue masiva, la Argentina se había convertido en un país más urbano[2]. Por tal razón, aquellos españoles que buscaron el acceso a la tierra, lo hicieron en regiones periféricas de las provincias o en aquellos lugares cuyas tierras se estaban incorporando a "la Nación" como fue el Chaco.

Aunque no tenían una cualificación profesional, con el aumento de los años de residencia se advirtió una movilidad ascendente ocupacional[3]. En tal sentido, una observación de Moya sobre el proceso de adaptación de los inmigrantes españoles, es interesante en cuanto a las aspiraciones que tenían aquellos que se instalaron en Buenos Aires; dice este autor: "*pocos se convirtieron en Anchorenas … pero muchos ahorraron algunos pesos, mandaron a casa millones en remesas, criaron familias y se convirtieron en padres y madres de maestros y contables… Para la mayoría de los inmigrantes en eso consistía 'hacer la América'*"[4]. Es cierto que algunas ciudades como Buenos Aires y Rosario fueron el escenario para una movilidad ascendente más rápida, pero el proceso de adaptación y de progreso que tuvieron en otros lugares del país, si bien con mayores limitaciones, también les permitió 'hacer la América' en el sentido atribuido por Moya.

La situación de estos inmigrantes al arribo a la Argentina ha sido ampliamente abordada. Tomamos el relato de un viajero español publicado en 1905, quien luego de describir la llegada de sus compatriotas a la Argentina –muchos de ellos después de haber pasado por penosas experiencias en el Brasil- nos da una versión del Hotel de Inmigrantes ("Emigrantes" en conceptos de este español), completamente diferente a las imágenes que difundía el Estado Argentino. Lahore señala en relación a ese "*refugio sombrío bautizado con el nombre pomposo de Hotel*"… que … "*La*

2. SÁNCHEZ ALONSO, Blanca. "La inmigración española en Argentina, 1880-1914: capital humano y familia" en LIDA, Clara y PIQUERAS, José A. (comps.). *Impulsos e inercias del cambio económico. Ensayos en honor a Nicolás Sánchez-Albornoz*, Valencia: Fundación Instituto de Historia Social; 2004. P. 197-230.

3. Ibidem.

4. MOYA, José, *Cousins and Strangers. Spanish Immigrants in Buenos Aires, 1850-1930*. Berkeley: University of California Press; 1998. P. 276.

"Obraje Sabadini. Presidencia de la Plaza (Chaco)". Juan Bautista Simoni. Ca. 1910. (Museo Histórico Ichoalay)
"Casamiento de Jesús Sabadini en Presidencia de la Plaza (Chaco). Juan Bautista Simoni, 1909. (Museo Histórico Ichoalay)

ley da cinco días de alojamiento gratuito en este local, que produce triste impresión ... La ventaja del Hotel de Emigrantes no hay que buscarla en el alojamiento ni en la manutención, que deja mucho que desear, sino en la facilidad de trasladarse gratuitamente desde su recinto a los más apartados extremos de la República[5]. Lahore se refería a la primera Casa de Inmigrantes, ubicada en Retiro, que permaneció hasta 1912 cuando, ya construido el puerto de Buenos Aires, fue reemplazado por el nuevo Hotel de Inmigrantes.

Aquellos que quedaban en Buenos Aires pasaban a engrosar los conventillos que proliferaron en esta época, y cuyo hacinamiento y número ayudaron a conformar la imagen temerosa hacia esa "horda" de extranjeros que llegaron al país y la mirada peyorativa que debieron sufrir entonces. El mismo Lahore comenta el caso de un español que "*... envía a sus hijos al Colegio, y allí, los compañeros y los profesores le tratan de ´galleguete´, provocando airadamente sus antipatías contra el origen español*"[6].

La presencia española en torno del Centenario

En la primera década del siglo XX, y en vísperas del Centenario, se reanudaron los vínculos político-institucionales entre Argentina y España. El asentamiento de miles de inmigrantes españoles desde fines del siglo XIX hacía incoherente la mirada negativa hacia la "raza española" como muchos textos positivistas mencionaban. El establecimiento de un nuevo status en la relación España-Argentina se dio en numerosos campos, tanto político-institucionales como sociales y culturales.

5. LAHORE, Federico, *Sangre nueva. Impresiones de un viaje a la América del Sud*, Barcelona: Tipografía La Académica; 1905. P. 271-272.

6. Ibidem, p. 275.

Ya en 1909 alcanzan gran repercusión las conferencias del valenciano Vicente Blasco Ibáñez, que visita la Argentina por primera vez, recorriendo el país con un discurso populista y libertario. De allí surgirá el encargo de realizar "Argentina y sus grandezas", publicado justamente en 1910.

Luego de la presencia pública de Blasco Ibáñez, en 1910 arribaron otros personajes que con sus conferencias planteaban estos nuevos aires de reencuentro: el escritor gallego Ramón del Valle Inclán, los reconocidos juristas e historiadores Adolfo Posada y Rafael Altamira, el pensador catalán Augusto Pi y Suñer y el escritor y pintor catalán Santiago Rusiñol.

Ante la planificación de los festejos del Centenario y en el marco del nuevo contexto que se había configurado entre España y la Argentina, el rey Alfonso XIII envía una calificada delegación que fue encabezada por su tía, la Infanta Isabel de Borbón.

Desde lo social y urbano, la Avenida de Mayo de Buenos Aires que se había inaugurado en 1894 –uno de los principales proyectos urbanísticos de la Generación del Ochenta-, llegó a llamarse la "Avenida de los Españoles" por su tinte hispánico y la cantidad de hoteles y comercios con propietarios españoles.

A la par de todos estos sucesos que tenían como principal eje la ciudad de Buenos Aires, continuaban llegando españoles al puerto de esta ciudad, para luego ubicarse en diferentes provincias argentinas. Una de las pocas imágenes de inmigrantes en un barco que los trasladara desde Europa, pertenece justamente a españoles que arribaron a Buenos Aires en 1910, la que es ampliamente informativa acerca de las condiciones en que se realizaban estas travesías.

La organización comunitaria-social de los españoles adquirió en las dos primeras décadas del siglo XX un particular impulso: por ejemplo, en la ciudad de Rosario se constituyeron doce Centros y Agrupaciones entre 1902 y 1925, los que respondían a las diversas regiones de origen de los españoles que habitaban en esa ciudad, o el hecho que hacia 1920 la *Asociación Española de Socorros Mutuos* y el *Centro Gallego de Buenos Aires* constituían las dos mayores asociaciones mutuales del país. En el proceso de adaptación de los inmigrantes, las asociaciones étnicas con base regional y nacional desempeñaron un papel preponderante, que no sólo ayudaban a la adaptación al nuevo país, sino que también reforzaban sus identidades y lealtades étnicas particularistas. Ello indica que, más allá de la importancia de estas asociaciones y mutuales en el mantenimiento de la cohesión étnica, también intervinieron en el sostenimiento de identidades múltiples regionales, dado que no fueron casuales las fricciones étnicas e inter clasistas, pero que no mellaron la cohesión de la colectividad española[7].

El mantenimiento de pautas culturales y la influencia ejercida en diversos sectores de la sociedad argentina se hacían cada vez más evidentes y se consolidaban en la primera década del siglo XX. Desde la práctica de los deportes hasta el funcionamiento de una Plaza de Toros en Rosario –la única que existió en la Argentina-, hasta aspectos vinculados a la gastronomía, los españoles reforzaban sus costumbres aunque paradójicamente, el interés estatal en incorporarlos al panteón de "lo nacional" hacía que las nuevas generaciones fueran perdiendo el vínculo con esas mismas costumbres.

La percepción del inmigrante español en la sociedad argentina

Entre 1880 y 1910 el tema de la inmigración se convirtió en objeto de atención de diversos ámbitos, lo cual dio origen a su tratamiento tanto en el debate parlamentario y periodístico como en la narrativa de ficción (cuentos y novelas), obras teatrales, en ensayos de diversa índole y en el campo visual (artes plásticas y fotografías).

La masiva llegada de inmigrantes que no respondían a las expectativas del Estado y a las de la sociedad argentina hizo que la actitud hacia la inmigración de gran parte de la población, de dirigentes e intelectuales, se tornara adversa y temerosa: el inmigrante pasa de ser percibido como una "clase laboriosa" a una "clase peligrosa"[8], principalmente porque muchos de aquellos que se concentraron en ciudades pasaron a formar parte de la masa obrera politizada.

7. Véase en MOYA. Op. Cit., capítulo 6.

8. DEVOTO, Fernando. *Historia de la Inmigración en la Argentina.* Op.Cit, p.274.

"Grupo de pelotaris". Samuel Rimathé, ca. 1895 (Colección Luis Príamo), e Ingenio "Primer Correntino" en San Luis del Palmar, Corrientes. Autor sin identificar. Ca. 1920. (Colección Gabriel Romero)

Es así que mientras algunas narrativas valoraban el progreso del inmigrante, otras lo acusaban de diversos males sociales y se discutía su rol en el sistema electoral nacional. "*Por lo que concierne a la Patria, el extranjero es obviamente el Otro del argentino nacionalista: personifica la negatividad respecto al Ser Nacional. Se trata de inmigrantes que, sin haber participado en los combates por la nación, ni compartido los ideales que caracterizaron la época de organización nacional, vienen a aprovechar los recursos del país y minar los valores de la tradición*"[9].

Entre las percepciones, la idea de "crisol de razas" fue otra de las alternativas que surgieron en este panorama, vinculado asimismo al problema de la reconstrucción de la identidad nacional. La publicación auspiciada por la Comisión de Homenaje del Centenario expresaba una mirada positiva e integradora del inmigrante a la sociedad argentina: "*La inmigración que entra por el puerto de Buenos Aires y que en grandes cantidades se esparce por todo el país, es hoy la principal fuerza y el principal elemento de progreso y de trabajo de la República. Ella activa el comercio, desarrolla las industrias y da valor a las tierras*"[10]. Veamos algunas de las apreciaciones en diferente tipo de literatura de la época.

Si bien los textos de ficción tomaron generalmente a inmigrantes italianos como protagonistas, se distinguen algunos matices en las percepciones según los grupos de los que se trata y ciudades o regiones donde se instalaron, lo cierto es que se configura una imagen del inmigrante como "el otro". El lenguaje popular refleja también la carga ambivalente de afecto conmiserativo, menosprecio o celos con que se nomina al "otro": "gallego", "ruso", "judío", "gringo" o "babicha" para el italiano[11]. Precisamente en relación al "gallego", que en la jerga popular sintetizaba al español más allá de la región de la que procediera, la novela de Francisco Grandmontagne, *Teodoro Foronda* (1896) remite al mito del gallego que asciende a banquero: de hecho, trata de un español que "*empieza su fortuna a través del trabajo tenaz y empeñado en un gran almacén, donde se amontonan objetos de toda índole (de zapatos a ferretería, pasando por pan y artículos de construcción), llamado alusivamente La Babilonia*"[12].

En el contexto del Centenario de la Revolución de Mayo y de la Independencia, las diferentes publicaciones y álbumes conmemorativos publicados son la manifestación del espíritu reconciliatorio y mirada progresista hacia el español. Se hacía hincapié en su espíritu laborioso, su deseo de progreso, lo cual coadyuvaba a la "grandeza argentina" que se pretendía constituir. La presencia del comercio constituía su punto fuerte; en las publicaciones realizadas por españoles, se resaltaba asimismo el aporte cultural de aquellos radicados en la Argentina[13], mientras que en otros textos se relativizaba el mismo, comparándolo con la influencia italiana en distintos ámbitos del quehacer cultural. Una publicación realizada en conmemoración de la independencia argentina de 1916 resaltaba aquellos aspectos que habían transmitido los españoles a los argentinos ("facciones", costumbres, bondad, generosidad, hidalguía, orgullo nacional, patriotismo, y la "facilidad

9. ERAUSQUIN, Estela. "La construcción del Otro: identidad e inmigración en la historia argentina" en *Amérique latine Histoire et Mémoire*, 4; 2002. Disponible en http//alhim.revues.org/document477.html

10. URIEN, Carlos y COLOMBO, Ezio. *La República Argentina en 1910*. Buenos Aires: Maucci Hnos., t. II; 1910. P. 15.

11. AINSA, Fernando. "Entre Babel y la Tierra prometida", en *Amérique Latine Histoire el Mémoire*, 1, 2000. Disponible en http://alhim.revues.org/document87.html

12. Ibidem.

13. El texto de CAMBA, Francisco y MAS y PI, Juan, *Los españoles en el Centenario Argentino*, Buenos Aires; 1910, que se centraba en las fiestas del Centenario y en la obra de los españoles en las exposiciones del Centenario, es un claro ejemplo de esta perspectiva.

con que equivocan las medidas de las cosas"), para concluir expresando: "En el orden intelectual, literario y artístico, no han ejercido los españoles una influencia trascendental y no han podido aventajar ni igualar a los franceses y a los italianos, ni a los mismos alemanes e ingleses"[14].

Es necesario, sin embargo, destacar la introducción de la cultura española desde fines del siglo XIX en Buenos Aires, ciudad que adoptaba preponderantemente modelos culturales franceses. Un dato interesante lo constituye el patrimonio nacional artístico: a poco de haberse creado el *Museo Nacional de Bellas Artes* en 1895, las primeras donaciones que se integraron al flamante museo —como las de Adriano Rossi y José Prudencio de Guerrico- poseían pintura española, y el mercado para el arte español comenzó a incrementarse con la cohesión que la colectividad española alcanzó en forma temparana. "*La formación de la colección española, la selección de los artistas, la preocupación por incrementarla desde la iniciativa del Estado y los particulares, y la voluntad de exhibirla y estudiarla, dan cuenta de la alta consideración e influencia que tuvo el arte español desde los años del Centenario*"[15].

La circulación de imágenes que se dieron en torno del Centenario, tanto en publicaciones varias, postales, periódicos y otros medios, revelan asimismo una nueva iconografía sobre el tema, que responde al panorama en que se encontraban las relaciones entre España y Argentina. Una imagen-símbolo que adquirió diversas variantes fue la Libertad-República con el gorro frigio y la Monarquía con la corona de Castilla[16].

Por consiguiente, el Centenario enmarca un momento crítico en la llegada masiva de la inmigración española y en su percepción por parte de la sociedad argentina, la que es ambigua y ambivalente sobre el valor de la inmigración y su rol en el diseño de una identidad nacional.

14. *1816-1916. La Nación Argentina.* Buenos Aires: Imprenta de Coni Hermanos; 1916.

15. *La pintura española (1880-1910) en la colección del MNBA.* Buenos Aires: Museo Nacional de Bellas Artes. Catálogo de exposición; septiembre de 2007.

16. AMIGO CERISOLA, Roberto. "Imágenes de la historia en el Centenario: nacionalismo e hispanidad" en GUTMAN, M. y REESE, T. (eds.). *Buenos Aires 1910. El imaginario para una gran capital.* Buenos Aires: Eudeba; 1999. P. 179.

La Colectividad Hispana en Buenos Aires

Mg. Arq. Florencia Barcina
CEDODAL

Para abordar el tema de la colectividad española en Buenos Aires es necesario conocer el fenómeno que le dio origen: la inmigración. Como se ha expresado en el escrito que antecede, ésta se dio en Argentina con especial fuerza durante la segunda mitad del siglo XIX y las primeras décadas del XX.

La inmigración

En 1852 Juan Bautista Alberdi escribió: "*¿Queremos plantar y aclimatar en América la libertad inglesa, la cultura francesa, la laboriosidad del hombre de Europa y de Estados Unidos? Traigamos pedazos vivos de ellas en las costumbres de sus habitantes y radiquémoslas aquí. ¿Queremos que los hábitos de orden, de disciplina y de industria prevalezcan en nuestra América? Llenémosla de gente que posea hondamente esos hábitos. (…) Este es el medio único de que América, hoy desierta, llegue a ser un mundo opulento en poco tiempo*"[1].Y si bien la Constitución de 1853 llamaba a "*todos los hombres del mundo que quieran habitar el suelo argentino*", el Art. 25 especificaba: "*El Gobierno federal fomentará la inmigración europea…*"

Para 1869 Argentina contaba con 1.737.000 habitantes, de los cuales sólo 164.000 eran inmigrantes, llegados en bajos números de Italia mayormente, pero también desde España, Francia, Inglaterra y Suiza, entre otros países[2]. Los habitantes del país eran vistos por los dirigentes como poco civilizados y ociosos y Buenos Aires daba la impresión de una ciudad típicamente colonial, careciendo de infraestructura suficiente de agua potable, electricidad, pavimentos y medios de transporte. Los sectores dirigentes querían una Nación moderna y consideraron que eso sólo podría lograrse con el recambio y aumento de la población, de manera que los inmigrantes fueron vistos como el principal motor para la modernización social y política.

Así, el país se abría a Europa y, en 1876, se promulgó la Ley N° 817 llamada de Inmigración y Colonización. Se difundieron y promocionaron las ventajas que ofrecía la Argentina, se ofrecieron facilidades de traslado a través de la financiación de pasajes y se les daba alojamiento y comida gratis en el Hotel de los Inmigrantes a los pasajeros de tercera clase durante los primeros cinco días de su estadía.

La promulgación de esta ley coincidió con tiempos de pobreza en Europa, sobre todo en países como España e Italia, que se convirtieron en promotores de la emigración. Como consecuencia de todo ello, una impresionante masa de gente comenzó a llegar a la Argentina hasta 1930, aluvión sólo interrumpido en años de la Primera Guerra Mundial, luego de la cual se registró una importante corriente polaca, eslava y alemana[3]. Los inmigrantes eran en su mayoría varones jóvenes que, unidos a los jóvenes nativos -hombres y mujeres- eran el 70% del mundo laboral menor de 40 años en 1895. Entre 1881 y 1930 llegaron -y se quedaron[4]- 3.225.000 personas, alcanzando un pico en 1907, año en que arribaron 300.000 inmigrantes.

Los emigrantes europeos también llegaban a otros países, encabezados por Estados Unidos, que recibió 32.244.000 personas entre 1821 y 1932, seguido por Argentina, con 6.405.000 inmigrantes en el mismo período. Pero si nos atenemos a la cantidad de habitantes originarios de los países al llegar la oleada inmigratoria, tenemos que Argentina contaba en 1895 con 25,5 extranjeros cada 100 habitantes, mientras que Estados Unidos tenía 14,4[5]. Así, Argentina se convirtió en el país que mayor proporción de europeos recibió en el mundo en ese período. Tan fuerte fue el volumen inmigratorio arribado, que marcó al país influyendo profundamente en las características de su población. En 1914 un 29,8% de los habitantes del país había nacido en el extranjero, siendo los italianos y españoles casi un 80% de ese total[6].

1. ALBERDI, Juan Bautista. *Bases y puntos de partida para la organización política de la República Argentina*. 1852.

2. Datos tomados de: OLLEROS, M. L. *La inmigración española en la República Argentina*. Madrid: 1889.

3. COSTA, Marta. *Inmigrantes*. Buenos Aires: Centro Editor de América Latina; 1972.

4. Hubo gran cantidad de inmigrantes que retornaron a sus países de origen luego de un período en Argentina. Se considera que aproximadamente la mitad de los que arribaron se quedó.

5. COSTA, Marta. Op. Cit.

6. GAGGIOTTI, Hugo. "De la identidad urbana a la identidad corporativa" en *Scripta Nova* 45. Barcelona, 1999.

Inmigrantes recién desembarcados llegando al Hotel de Inmigrantes y comedor para hombres del Hotel, con capacidad para 1200 personas (Colección Museo de la Inmigración)

El puerto de Buenos Aires recibía a los inmigrantes, los cuales contaban para instalarse con un país extenso y escasamente poblado, condiciones ideales para una distribución homogénea en el territorio. Sin embargo, el número de personas parece decrecer a medida que aumenta la distancia de Buenos Aires. Entre 1916 y 1925 se recibió en el área de Buenos Aires, Santa Fe, Córdoba, Entre Ríos y La Pampa a 171.435 inmigrantes; en el norte del país a 21.585; en Cuyo a 24.388; y en la Patagonia a 6.500. Los lugares preferidos para asentarse fueron las ciudades, aumentando así considerablemente la población urbana del país.

La colectividad española y sus organizaciones

Si bien los italianos constituían la colectividad extranjera más numerosa de Argentina, los españoles le seguían en número, reforzados por la población de base constituida por descendientes de españoles, lo cual le daba un carácter aún más fuerte a la presencia hispánica.

Argentina fue el país que recibió mayor cantidad de inmigrantes españoles del mundo: se contaban 829.701 españoles en 1914, constituyendo el 10,5% de la población total del país, y más de 1.200.000 españoles llegados en el período 1901-1920[7].

Hasta 1930 siguieron arribando españoles a Buenos Aires, disminuyendo luego de ese año y suspendiéndose durante la Guerra Civil Española (1936-1939), luego de la cual se produjo la llegada de muchos exiliados.

7. MORALES SARO, María Cruz y LLORDEN MIÑAMBRES, Moisés. *Arte, cultura y sociedad en la emigración española a América.* Oviedo: Universidad de Oviedo; 1992. P. 12-13.

Un segundo período inmigratorio -aunque no tan fuerte como el primero- se dio entre los años 1947 y 1951[8], bajando notoriamente en intensidad después, hasta cesar.

La agrupación inicial según el lugar de origen se dio como algo natural en el fenómeno inmigratorio, sin importar las características del país de procedencia o de destino. Esta tendencia la vemos más marcadamente en la Argentina, donde la necesidad de mantener la identidad étnica se veía acentuada por un ambiente social de gran diversidad cultural. Es fácil entender que, desembarcado en una ciudad desconocida, que probablemente fuera el escenario de un exilio indefinido, y usualmente sin la presencia de la familia, el inmigrante encontrara en sus connacionales un refugio.

El decreto de Juan Manuel de Rosas que prohibía la reunión de extranjeros fue dejado sin efecto por el General Urquiza, su vencedor en la Batalla de Caseros, en 1852. Así, en el seno de la comunidad española en Argentina -y en especial en Buenos Aires- comenzaron a formarse instituciones de toda índole.

8. Entre 1931 y 1950 llegaron 459.000 personas.

Edificio de la Asociación Española de Socorros Mutuos de Buenos Aires en Av. Entre Ríos y Alsina

Las primeras asociaciones surgieron entre inmigrantes cuyas ocupaciones se relacionaban con el comercio o los servicios, generalmente desarrolladas en centros urbanos muy poblados. Así, la ciudad de Buenos Aires, con 663.854 habitantes en 1895 -cifra que crecería 2.5 veces en los siguientes 20 años-, presentaba un escenario propicio para la creación de estas organizaciones, donde los múltiples lugares de reunión como bares, restaurantes e iglesias fomentaron los encuentros de los españoles.

Los españoles ya afincados en el país y que habían logrado una alta posición económica decidieron formar *Sociedades de Beneficencia* para ayudar a los españoles menos favorecidos o recién llegados, ayudándolos a conseguir empleo, brindando asistencia médica o financiando repatriaciones. La primera en surgir en Buenos Aires fue la *Sociedad Española de Beneficencia*, antes llamada *Asilo de Beneficencia Española*, fundada -junto con la *Sala Española de Comercio*- por iniciativa de Vicente Rosa en 1852. La Sociedad fundó en 1877 el *Hospital Español*, edificio ampliado en 1906 por el arquitecto argentino Julián García Núñez[9], recién llegado de Barcelona. Un anexo del Hospital fue inaugurado en 1913 en Temperley, con proyecto del mismo arquitecto.

Otra organización que podríamos definir como de beneficencia -al menos en sus comienzos- fue la *Asociación Patriótica Española*, fundada en 1895 con el objeto de reunir a la colectividad española de Argentina para acudir en ayuda del español emigrado, consiguiéndole alojamiento, trabajo y atención hospitalaria gratis, entre otras cosas. Pero otra de las misiones de la Patriótica era acudir en socorro de cualquier calamidad que pudiera suceder en España y, entre muchas acciones, ayudó a víctimas de las inundaciones en Valencia, Málaga y Galicia, de los incendios de Oviedo, a los prisioneros españoles de Filipinas, a la Cruz Roja Española y a las familias de los voluntarios a Cuba.

Esta beneficencia hacia España también se dio en otras instituciones de carácter diverso. En efecto, con el espíritu de no olvidar a los que habían dejado atrás, muchas instituciones de inmigrantes españoles se volcaron a ayudar a España en momentos difíciles, sobre todo durante la Guerra Civil Española y la Segunda Guerra Mundial, organizándose para el envío de alimentos y todo tipo de ayudas.

Por su parte, los inmigrantes españoles trabajadores, artesanos o desempleados decidieron agruparse en *Sociedades de Socorros Mutuos*, que en Argentina aparecerían en muchísimas ciudades, incluyendo varias de carácter gremial. La más poderosa de estas asociaciones fue la *Asociación Española de Socorros Mutuos de Buenos Aires*, fundada en 1857 por José María Buyo. En 1918 se inauguró su gran edificio en la esquina de Av. Entre Ríos y Alsina, destinado entre otras cosas a sanatorio social, laboratorio, farmacia y demás servicios asistenciales.

Los inmigrantes españoles de mayores recursos económicos comenzaron a juntarse en lo que llamaron *Clubes, Centros o Casinos*, que eran asociaciones donde los socios se reunían y participaban de eventos sociales, recreativos y culturales.

El *Club Español* -denominación adquirida en 1872- nació, como se ha dicho, en 1852 como *Sala Española de Comercio*, y luego fue llamado también *Casino*. Por el Club pasaron prestigiosas figuras españolas y argentinas, entre ellas la Infanta Isabel de Borbón, delegada oficial de España en los actos del Centenario de la Independencia Argentina. La imponente sede del Club en la calle Bernardo de Irigoyen, proyecto del arquitecto holandés Enrique Folkers, se inauguró en 1911.

La versátil *Asociación Patriótica Española* tenía una rama cultural que en 1914 se desprendería como la *Institución Cultural Española*. En ella se llevaría a cabo toda una etapa intelectual y social de los españoles en la Argentina y el intercambio intelectual con España. Españoles eminentes en los campos de la filología, la crítica científica, la historia, la filosofía y la medicina, entre otros, llegaron a la Argentina por medio de la ICE[10].

Las *asociaciones y centros regionales* fueron el tipo de organización más numerosa en la Argentina y se formaron para los niveles de la comunidad que no podían acceder a los clubes. Permitían el acceso a recreación, eventos culturales y servicios asistenciales a los españoles provenientes de la misma región, sin distinción de nivel socio-económico. Estos centros respondían a regiones, provincias, ciudades o pueblos, sin importar lo reducida de su comunidad en la Argentina.

9. Ver *Julián García Núñez. Caminos de ida y vuelta.* Buenos Aires: CEDODAL; 2005.

10. En 1990 la Asociación Patriótica Española y la Institución Cultural Española se unieron en lo que hoy es la Asociación Patriótica y Cultural Española.

"Ayudad a los niños huérfanos de la República Española", mensaje de la Central Gallega sobre camiones cargados de sacos con leche y huevo en polvo para enviar a España, c. 1939 (Colección Museo de la Emigración Gallega) y médicos y enfermeras del hospital del Centro Gallego de Buenos Aires, c. 1920. (Colección Centro Gallego)

Para 1926 Buenos Aires contaba con 146 sociedades gallegas, 11 asturianas, 10 castellano leonesas, 5 catalanas[11], entre las comunidades más fuertes. Todas las regiones españolas tenían al menos un centro de encuentro para su comunidad en la ciudad para ese año, excepto Extremadura, Murcia y Castilla La Mancha[12].

La comunidad gallega fue la más numerosa en la ciudad y el *Centro Gallego de Buenos Aires*, surgido en 1879, fue la institución societaria de mayor volumen creada en el exterior por emigrantes españoles[13]. Su principal objetivo fue la asistencia hospitalaria, pero también se ocupó de actividades recreativas, culturales y sociales, contando en su edificio de la Av. Belgrano -inaugurado en 1930 con proyecto de los arquitectos Acevedo, Becú y Moreno- con teatro, biblioteca y una importante colección de obras de arte.

La comunidad catalana de Buenos Aires fue una de las primeras en organizarse: en 1857 creó la *Asociación Catalana de Socorros Mutuos Montepío de Montserrat*, primera entidad mutualista al servicio de la colectividad. En 1877 se fundó el *Club Català*, que en 1886 pasó a ser el *Centre Catalá*, el cual era fundamentalmente un lugar de encuentro, con eventos sociales, culturales y artísticos. Por su parte, unos años más tarde, en 1908, se fundó el *Casal Català*, que contaba con su famoso *Orfeó Català*. El *Centre* y el *Casal* se fusionaron en 1941 en el *Casal de Catalunya*.

Otros importantes centros -por las actividades realizadas, el número de asociados y sus instalaciones- fueron la *Sociedad Vasco-Española Laurak Bat* (1877), la *Casa Balear* (1905), el *Centro Asturiano* (1913) y la *Asociación Casa de Galicia* (1933), entre otros.

También se desarrollaron en Buenos Aires organizaciones españolas con *fines más específicos*, como deportivos, profesionales, culturales, religiosos, económicos o políticos.

En el relevamiento de 1926 figuran en Buenos Aires 189 sociedades regionales y comarcales, 26 recreativas y culturales, 10 sociedades de socorros mutuos y de beneficencia, 7 políticas y económicas, 4 religiosas y 1 deportiva, sumando un total de 237 instituciones[14], el 30% de las instituciones de la comunidad española de Argentina, el país donde más sociedades españolas se crearon.

La caída de la inmigración luego de 1951 hizo que las organizaciones empezaran a sufrir una disminución de nuevos asociados y como consecuencia de ello una pérdida periódica de miembros. Para 1985 las 237 organizaciones españolas censadas en 1926 se habían reducido casi a la mitad, registrándose en la ciudad sólo 126 en actividad. No se cuenta con censos actualizados, pero es probable que al año 2007 esa cifra haya caído, a su vez, a la mitad.

11. Le seguían Islas Baleares y País Vasco con 3 organizaciones cada una; Cantabria, La Rioja y Valencia, con 2; y Andalucía, Aragón, Islas Canarias, Madrid y Navarra, con 1.

12. Aunque años después aparecerían el Círculo Extremeño (1930) y el Hogar Murciano, entre otros.

13. DÍAZ SAL, Braulio. *Guía de los españoles en la Argentina*. Madrid: Ediciones Iberoamericanas; 1975.

14. Datos tomados del Censo de Fernández Florez, 1926.

Banquete del Centro Gallego de Buenos Aires en 1944. (Colección Centro Gallego)

Las instituciones que subsisten hoy lo hacen incorporando a las nuevas generaciones ya argentinas en sus actividades y abriéndose a la comunidad en general. Asociaciones como el *Centro Gallego* y el *Hospital Español* continúan con su actividad asistencial. Las organizaciones de carácter cultural se dedican a difundir la cultura española y regional como una manera de conservar las tradiciones de los antepasados. Festivales, recitales, conciertos, oferta de gastronomía típica, clases de dialectos regionales, música, bailes y demás expresiones culturales españolas no han perdido su vigencia en la actualidad, y centros como el *Club Español*, el *Casal de Catalunya*, el *Centro Galicia* - fusión de los centros Coruñés, Lucense, Orensano y Pontevedrés realizada en 1979-, el *Laurak Bat* y el *Centro Asturiano*, entre muchos otros, gozan de buena salud adaptándose constantemente a los requerimientos actuales.

Inmigrantes bailando muñeiras en un picnic de asociaciones gallegas. (Colección Museo de la Emigración Gallega)

Lo español y los españoles en la prensa argentina de la época del Centenario

Dr. Fernando Luis Martínez Nespral
Asociación Argentina y Asociación Internacional de Hispanistas

Desde la actuación del extremeño Francisco Antonio Cabello y Mesa, quien en los inicios del siglo XIX editara en Buenos Aires el "*Telégrafo Mercantil*", medio pionero de la prensa nacional, hasta los fecundos intercambios del presente, múltiples, profusas y profundas han sido las aportaciones de los españoles en el campo del periodismo en nuestro país.

Pero nos abocaremos aquí especialmente a rememorar las contribuciones que tuvieron lugar en el contexto general de la época masiva de la inmigración que llegara a nuestras costas a partir de la segunda mitad del siglo XIX y hasta las primeras décadas del XX y más específicamente en los años próximos al Centenario.

Siguiendo el derrotero que nos hemos trazado, surge en primer término la figura de don Benito Hortelano, calificado por Galván Moreno en su historia del periodismo argentino de 1944[1] como el "*primer periodista español*" por su labor como iniciador de la prensa hispana en nuestro medio a través de su periódico "*El Español*".

También fue notoria en los primeros tiempos la contribución del periodista E. Romero Jiménez, fundador del "*Correo Español*" en 1872, órgano de prensa de la colectividad donde por otra parte escribirán otros colegas de la península como José Paulo Angulo y Fernando López Benedito quien se haría cargo posteriormente de la dirección hasta su muerte.

Destacado exponente de este período dentro del círculo de los periodistas españoles que ejercieran su profesión en nuestro país fue don Eduardo López Bago, quien bajo el pseudónimo de "*el del verde gabán*" tuvo actuación en "*El Diario Español*", un muy importante medio de la colectividad que aparecido también hacia 1870 tuvo una dilatada trayectoria y plena vigencia en tiempos del Centenario.

Pero, y en virtud de la significativa afluencia de inmigrantes gallegos, sus periódicos específicos como "*El Albor de Galicia*" fundado en 1908 se constituyeron en los medios de mayor repercusión de entre la prensa española, alcanzando tiradas de hasta 50.000 ejemplares, un número muy significativo para la época si tenemos en cuenta que célebres diarios de la prensa nacional como "*La Razón*" o "*La Nación*" oscilaban entre los 80.000 y 100.000 ejemplares respectivamente y que la tirada diaria de todos los medios hacia 1913 rondaba alrededor de los 500.000 ejemplares[2].

Para pasar a referirnos a otro tipo de publicación, en este caso las revistas, deberemos mencionar especialmente a la "*Revista Española*" órgano de prensa de la Asociación Española de Socorros Mutuos.

Pero más allá de las publicaciones propias de la colectividad, fue capital el aporte de numerosos españoles en destacadas revistas de nuestro medio. Tal es el caso del burgalés Eustaquio Pellicer quien conjuntamente con otros periodistas de origen hispano como Juan Oses y el jerezano Manuel Mayol fuera cofundador de un medio tan trascendental en nuestra historia como "*Caras y Caretas*" en 1898, dirigido por el célebre José Alvarez (*Fray Mocho*), para pasar a fundar luego en 1904 otro no menos importante "*P. B. T*.", ambos destacados por su ácido humor político volcado en las célebres caricaturas que aún hoy se recuerdan frecuentemente.

Caricatura de Eustaquio Pellicer por José M. Cao (*España en la Argentina*, 1997, Manrique Zago). Periódico *El Diario Español* en el Centenario con el Pabellón Español

1. GALVÁN MORENO, C. *El periodismo argentino. Amplia y documentada historia desde sus orígenes hasta el presente.* Buenos Aires: Claridad; 1944.

2. SAITTA, Sylvia. *Regueros de tinta. El diario CRÍTICA en la década de 1920.* Buenos Aires: Sudamericana; 1998.

DON QUIJOTE

Este periódico se compra pero no se vende

Es justamente el campo del humorismo, un espacio donde el aporte de los españoles se hace notar de manera singular. A partir de la figura del madrileño Eduardo Sojo, nacido en 1849 que fundara en nuestro país el semanario "*Don Quijote*" en 1884 y que firmara sus trabajos bajo el pseudónimo de "*Demócrito*" quien, junto con su seguidor, "Demócrito II" que no es otro sino el gallego José María Cao atizaran con sus humoradas a los gobernantes de su tiempo.

La nómina de periodistas españoles que actúan en "*Caras y Caretas*" es muy extensa y se destacan: los madrileños Julio Castellanos y Luis Pardo (quien usara el pseudónimo *Luis García*), los catalanes Juan de la Cruz Ferrer, Luis Macaya y J. Sanuy[3], el mallorquí Hermenegildo Sábat, cuyo nieto homónimo es el célebre dibujante contemporáneo y el a mi criterio inigualable asturiano Alejandro Sirio, natural de Oviedo y que por otra parte fuera un destacado artista autor de obras tan trascendentes como los maravillosos dibujos de la edición ilustrada de "*La gloria de don Ramiro*" de Enrique Larreta hasta otros tan vigentes en la actualidad como la etiqueta de los populares vinos "*San Felipe*".

Para concluir con el período que hemos abordado, señalaremos que a partir de 1913 y durante la década de 1920, varios de entre los antes mencionados, continuaron su carrera ejerciendo en el célebre vespertino "*Crítica*", tal es el caso de José María Cao que junto con otros españoles como Juan Carlos Alonso o el andaluz Pedro de Rojas (autor de las reconstrucciones dibujadas de los hechos policiales que caracterizaran a dicho periódico) contribuyeran con su pluma a su éxito y difusión.

Por último creo que cabe una vez más recordar que tan solo el idioma que usamos para expresarnos hace ocioso explicar la trascendencia y el alcance de la presencia española en todas y cada una de las manifestaciones culturales de nuestro país, tema a cuyo estudio y difusión me he dedicado con la tozudez de mis ancestros. El objetivo pues, de esta breve reseña ha sido aproximarnos a una más de las facetas del magnífico e inmenso poliedro que constituye *lo español* en Argentina.

3. Una muy completa y detallada nómina puede encontrase en VAZQUEZ LUCIO, Oscar. "*Los que vinieron a hacer su humor*" en AA.VV. *España en la Argentina*. Buenos Aires: Manrique Zago; 1997.

Ausencias y presencias. Los gallegos en la Buenos Aires del Centenario

Arq. Rita Molinos
Co-directora del Programa Bicentenarios FADU UBA

Hablar de Buenos Aires en el Centenario y de sus habitantes de origen gallego es hablar de lo intangible. No hay arquitecturas notables para describir, no hay celebraciones fastuosas surgidas por su iniciativa como tampoco registro de festejos específicos referidos al tema. Casi no hay huellas materiales aún cuando nos propongamos ampliar nuestra mirada[1].

Habitar en la ciudad

Es notable la falta de testimonios escritos acerca de cómo este grupo migratorio vivió por esos tiempos en nuestro país y en particular en nuestra ciudad[2]. Pareciera una contradicción cuando no sólo en el imaginario común de la ciudad es imposible su ausencia, sino que su presencia ha podido relevarse en estadísticas migratorias. Los gallegos, para este período, están acercándose a constituir la mitad de los españoles de la ciudad y ya está generalizado en el uso en la lengua local el gentilicio regional para aludir al conjunto de los españoles, tratados sin más como "gallegos" por estas tierras.

Los estudios migratorios indican, para 1910, una tendencia de cambio en la proporción de los inmigrantes gallegos según su origen provincial. Hasta 1930 irá creciendo la afluencia de provenientes del interior de Galicia (Orense y Lugo) y declinando consecuentemente la de las provincias atlánticas (Pontevedra y La Coruña). Otro rasgo de cambio es el crecimiento de la proporción de mujeres y niños[3]. Estamos frente a un grupo de origen cada vez más marcadamente rural que elige permanecer en los centros urbanos y, en especial, en Buenos Aires y reconvertir su calificación para el trabajo (para permanecer o para regresar al terruño con nuevas posibilidades) y esto exige y propone un radical cambio de sus modos de habitar, "... *creando nuevos hábitos y comodidades, amadas como se ama todo lo que cuesta...*"[4].

El vertiginoso y vasto cambio de vida de este numeroso colectivo humano exige enormes recursos a sus actores. Recursos puestos en juego según prioridades, que conforman un vasto tejido de decisiones individuales, familiares, grupales, sociales. En un sentido amplio, los tiempos del Centenario son tiempos de ampliación y crecimiento de la migración, de completamiento, de inclusión de las mujeres gallegas; son tiempos de remesas sostenidas. También son tiempos de reagrupamiento, en la gran ciudad y de unir lazos colectivos. Los del Centenario son tiempos de construcciones intangibles. La arquitectura de casas, *hogares* sociales, asociaciones y edificios institucionales que luzcan o no en la escena urbana motivos regionales gallegos tardará un par de décadas en aparecer[5]. Y no dará cuenta de rasgos regionales. Por un lado, por ausencia de arquitectos o constructores gallegos en nuestro medio y por otro, debido a las condiciones de la vida aldeana anterior a la partida en donde poco era lo que se necesitaba construir y, en consecuencia, no era apropiada ninguna contratación de mano de obra fuera de las fuerzas y recursos familiares.

Algunos años después, encontraremos algunas excepciones, como el caso del comitente gallego construyendo un gran edificio de los muchos con tiendas comerciales, oficinas y vivienda de lujo en Buenos Aires. Pero no será el caso de asociarse con ningún estilema regional. El palacio comercial que Casimiro Gómez encarga en 1913 al arquitecto holandés Enrique Folkers frente al Club Español -también de Folkers- hablará más del éxito de sus actividades y de su perfil como empresario local que de su origen[6]. Como contrapartida del uso de "gallego" por español en la jerga local que mencionábamos antes, Gómez *responde* con una obra del mismo arquitecto -en la vereda opuesta- de Bernardo de Irigoyen al edificio representativo de lo *español* en Buenos Aires. (Representatividad a partir de su propia existencia; no porque remita al imaginario de lo

1. Con ese propósito de estudio iniciamos en 1998 una serie de trabajos en los que, ante la ausencia de evidencias arquitectónicas resultó oportuno enfocar los imaginarios urbanos de locales e inmigrantes condensados en MOLINOS, Rita. "Medios locales y prensa étnica: la experiencia gallega de urbanización." en *Buenos Aires 1910: El Imaginario Para Una Gran Capital*. Buenos Aires: Eudeba; 1999. P. 317-330 y Láminas XXXIV- XXXVII, publicación del Seminario *Buenos Aires 1910: El Imaginario Para Una Gran Capital*. Getty Center for the History of Arts and Humanities, 1998.

2. MOYA, José. *Primos y extranjeros. La inmigración española en Buenos Aires, 1850-1930*. Buenos Aires: Emecé argentina; 2004: Moya ha abordado en varios pasajes de este trabajo el desafío de la interpretación de la cuestión a partir de otro tipo de documentos.

3. RODRÍGUEZ GALDO, María Xosé. *O fluxo migratorio dos séculos XVIII ó XX*. Santiago de Compostela: Xunta de Galicia; 1995.

4. MARTÍNEZ SANTRADÁN, Faustino. "Los ches" en *Almanaque Gallego para 1912*. Buenos Aires, 1911.

5. Nos ocupamos de algunas de estas construcciones en la ponencia "Mirada Urbana de los Inmigrantes Gallegos en Buenos Aires. Acción Patrimonial y Arquitectónica. (1880-1920)" en *Conferencia Internacional "La Cultura Arquitectónica Hacia 1900. Revalorización crítica y preservación patrimonial"*, Buenos Aires, 1° a 3 de setiembre de 1999 y en "Regional y moderno. El Centro Gallego de Buenos Aires en dos concursos nacionales de arquitectura, 1928 y 1931" en Méndez, Patricia (coord.). *Españoles en la arquitectura rioplatense. Siglos XIX y XX*. Buenos Aires: CEDODAL; 2006. P. 64-65.

6. MOLINOS, Rita; RAMOS, Jorge; SABUGO, Mario. "El Ojo del Amo" en *summa + 48*. Buenos Aires: Summa; abril-mayo 2001. P. 138-139.

español). Si para entender el uso del gentilicio regional está la tesis que entiende que los porteños *golpean* a los españoles *donde más duele*, con esta arquitectura de impacto, el empresario *contragolpea* mostrando cómo un gallego puede encargar arquitectura de envergadura, quedando clara la ausencia de cualquier signo gallego, y hasta español, por desvalorizado[7].

Antes de asociar la imagen edilicia de sus empresas con lo gallego, Gómez ha preferido, haciendo otra inversión de términos, bautizar sus propiedades en Galicia asociándolas con su éxito indiano:

"... El señor Gómez no se ha contentado con triunfar en las enaltecedoras luchas de la alta industria, de la vivificadora agricultura, de la ganadería lejos de su patria, en la benéficamente fecunda tierra Argentina ; amante de su país, ha querido extender a él sus generosas iniciativas y actividad, y ha hecho que la ciencia reconociese y examinase las aguas de su propiedad, realmente hermosa, dicho sea de paso, como se ve en las vistas que acompañamos, y a la que dio el nombre de *Villa Buenos Aires*, como homenaje a la gran urbe argentina, *que es gloria legítima de la madre España*"[8].

Una vez más la táctica -en este caso, del periodista de un medio gallego- de poner en relación, lo argentino y lo español.

Festejar en la ciudad

Algunas sociedades gallegas en la Buenos Aires actual incluyen el 9 de julio y el 25 de mayo en su calendario de festejos pero en una proporción reducida (sobre 27 asociaciones consultadas al respecto, sólo dos celebran esas efemérides[9]. Este dato surge de un relevamiento de 98 instituciones en los últimos años, a las que llegamos con la finalidad de estudiar su historia de vida colectiva a través de casi un siglo.

Para el Centenario, pocas de ellas tenían existencia. A lo largo de su trayectoria, celebraron aisladamente o asociadas. Lo más festejado es a la vez el que más las distingue individualmente: el del santo patrono de la comarca de origen. El aniversario de la fundación, en un segundo término. Luego, el del regional Día del apóstol y los generales: el fin de año, el día de la primavera, etc, mucho más frecuentes que las fiestas argentinas.

Para el Centenario las sociedades gallegas-porteñas se ocupaban de lo que la sociedad receptora no estaba en condiciones de brindar, servicios de salud, de alfabetización de adultos, de

7. Véase MOYA, *op cit.*, p. 339, sobre el gallego por español.

8. J.G. y B. "Las Aguas Lerez" en *Almanaque Gallego para 1909*. Buenos Aires, 1908.

9. Ileana Versace, informe para el UBACYT AA021, año 2000, "Barrios de Buenos Aires: Configuración histórica, institucional, urbana y ambiental". Mario Sabugo (dir.).

Fiesta en el Centro Gallego de Comodoro Rivadavia

Almanaque Gallego, 1912 editado en Buenos Aires y acuarela "En el Rosedal", de Juan Carlos Alonso publicada en *Caras y Caretas,* 1916.
En esta acuarela se reproduce el espacio público que para la misma época es escenario de las anuales romerías gallegas,
celebración "campestre" en nuestra ciudad

socorros mutuos, etc., mientras que destinaban enormes esfuerzos a atemperar la vida de los paisanos del terruño donando escuelas o talleres.

Acaso algún dirigente gallego haya sido invitado a algún acto de la serie de eventos sociales en torno a la visita de la Infanta Doña Isabel de Borbón, en tanto partícipe de otra institución de tipo nacional. Pero no por su actividad regional.

Para Fernando Devoto la participación de los inmigrantes en los festejos del Centenario, ha sido cualitativamente importante incluyéndose como grupos y como individuos más allá de la convocatoria explícita en la que no estaban convidados[10]. Invita Devoto a reflexionar y a imaginar a partir de los dos actos cuantitativamente más relevantes. Uno, el del arribo de la Infanta el 18 de mayo y el posterior cortejo hasta su hospedaje en Barrio Norte en el que doscientas mil personas se incluyeron en las calles de la ciudad empavesada con banderas argentinas y españolas. Otro, el canto del Himno Nacional, entonado por treinta mil alumnos en el centro simbólico de la ciudad. Para una Buenos Aires que se acercaba al millón y medio de habitantes, estamos mencionando actos verdaderamente masivos. El 20 % de la población era de origen español. Muchos eran ya los inmigrantes de origen gallego. ¿Cuántos gallegos se incluyeron en ellos? ¿Podríamos imaginar ese número de gallegos compartiendo un evento social en su tierra natal? ¿Qué emociones y contenidos hallarían en la oportunidad? ¿No encierran estas cuestiones en sus posibles respuestas un indicio de los significados y consecuencias que tendría la experiencia total y destino de la cultura gallega venida y remitida entre ambos territorios?

Si, cercanos ahora al segundo Centenario, revisamos el primero y la agenda actual intenta convocar inclusivamente a las comunidades, integrar, compartir y dejar nuevas huellas que -se espera- sean más tangibles, la historia de los gallegos en Buenos Aires.

10. DEVOTO, Fernando. "Buenos Aires, 1910: imágenes de las elites, los inmigrantes y sus comunidades en el Primer Centenario" en Conferencia de las *Jornadas Buenos Aires gallega: Inmigración, pasado y presente.* Buenos Aires: Manzana de las Luces, 14, 15 y 16 de agosto de 2007.

Buenos Aires en torno al Centenario. La mirada de algunos viajeros españoles

Dra. María Luisa Bellido Gant
Universidad de Granada

Introducción a la idea de la "Hispanidad"

Para entender el progresivo acercamiento entre España e Iberoamérica debemos remontarnos a finales del siglo XIX. El "desastre" de 1898, con la pérdida por parte de España de las últimas posesiones americanas, posibilitó un replanteamiento de las relaciones existentes entre ésta y América.

Este nuevo escenario motivó que un importante grupo de pensadores, literatos y artistas realizara una mirada introspectiva sobre su propia realidad y reflexionara sobre su sentido como nación. Fue el tiempo en que la llamada "Generación del 98" hizo suya la causa de indagar en sus rincones más ocultos, en los pueblos más alejados de las grandes urbes, en lo que denominaban la "España profunda", donde consideraban se encerraba la identidad hispana.

Surge así una nueva situación basada en la relación entre iguales, una vez concluida la fórmula colonial de dominio español sobre América. Así pues, *"Se pondrá en marcha la recuperación de una idea de comunidad cultural, que debe convertirse en historia, con proyección de futuro, que vuelve a centrar la concepción de la supranacionalidad necesaria en el "ser" histórico-cultural, frente al "estar" geográfico"* [1].

Dentro de los debates ideológicos planteados en España en torno a su identidad, el tema americano jugó un papel fundamental, notándose por parte de varios de los escritores "del 98", un cierto intento de "reconquista espiritual" de América basado en la creación de nuevos lazos culturales con las antiguas colonias, dejando atrás los resquemores que prevalecieron tras los años de las luchas por la Independencia.

El miedo al peligro estadounidense y la aparición de un grupo de pensadores y eruditos, que reivindicaban la labor de España en América [2], potenció la unión espiritual de las naciones iberoamericanas. En España surgieron, antes de 1898, anhelos por conseguir una hegemonía cultural y espiritual del mundo hispánico [3].

Como apunta John Englekirk, la llegada en 1898 de Rubén Darío a España inició el primer movimiento literario verdaderamente hispánico. La aparición de las revistas *Helios* y *Renacimiento*, en 1903, y la fusión de esta última con *La Lectura*, en 1908, ponen de manifiesto la confraternidad literaria entre España y América. Fueron en estas revistas y en la *Revista Ibérica*, la *Latina* -fundadas por Villaespesa- y en *Vida Española*, *Vida Nueva* y *España Nueva* donde más claramente el movimiento hispanoamericano alcanzó la cumbre de su expresión artística [4]. Dentro de este movimiento debemos destacar a Ramón Valle-Inclán. En su contacto con América, encontró una nota espiritual en completa armonía con su propio ser y con su propia concepción de la vida. América era símbolo vivo de su estética, y de la España tradicional que hubiera querido ver renacer [5].

En lo que respecta a la actitud de los llamados intelectuales de la Generación del 98 ante el hispanismo, Ángel Ganivet fue uno de los primeros que criticó el movimiento económico-político de fines de siglo que pretendía ganar el poderío comercial de España sobre América [6]. Estimaba que la única unión posible era la de una confederación intelectual o espiritual: *"si España quiere recuperar su puesto ha de esforzarse para restablecer su propio prestigio intelectual y luego llevarlo a América e implantarlo sin aspiraciones utilitarias"*.

1. RUBIO, José Luis. "La España del siglo XX ante Iberoamérica" en *Cuadernos Americanos* 2. México. Nueva época. I, Vol. 2. Marzo-Abril 1987. P. 97.

2. Podemos enumerar los artículos de Darío en La Nación, las conferencias y los discursos de Sáenz Peña en España y los Estados Unidos (1898) y las obras de Groussac, Tarnassi, Gómez Palacios, Solar, Oyuela, Rodó, entre otros.

3. Podemos destacar la Revista *Crítica de Historia y Literatura* fundada en 1895 y dirigida por R. Altamira. La *España Moderna* también demostró interés por América dedicando secciones especiales para una revista de su vida económica-política, o la *Crónica literaria* dirigida por Gómez de Baquero y que daba cuenta de los libros aparecidos al otro lado del mar.

4. ENGLEKIRK, John. "El Hispanoamericanismo y la Generación del 98" en *Revista Iberoamericana* 4. Pittsburgh, vol. II, 15 de noviembre de 1940. P. 335-336.

5. Idem. P. 338.

6. En el *Idearium español* se declara opuesto a todas las uniones iberoamericanas.

Azorín consideraba que el protagonismo de España durante la conquista y la colonización de América no contenía en sí ninguna virtud que hiciera falta a la España del 98. El hispanoamericanismo, para él, era un movimiento estéril: España y América debían trabajar por alcanzar el concepto de Humanidad. Sin embargo, se preocupó escasamente por el tema de América, interesándole más otros horizontes.

Unamuno rechazaba todo esfuerzo por aproximarse a los pueblos hispanos. Para él, más fuertes que todas las uniones políticas o económicas eran la lengua, la religión y la raza, que servían para demostrar lo profundo de la espiritualidad de la Hispanidad. Unamuno criticaba el hispanismo motivado por cuestiones económicas, pero no el surgido de la identidad espiritual y cultural.

Cuando España vuelve su mirada hacia Iberoamérica descubre un área disputada por los países capitalistas -Estados Unidos, Alemania, Italia, Francia-. De ahí que el hispanismo necesitara un fuerte apoyo económico[7]. Siendo la década de los veinte de prosperidad para España, pudo desarrollarse este movimiento, porque el hispanismo no era sólo una identificación espiritual entre España e Iberoamérica, sino una reacción frente al neocolonialismo de Estados Unidos y el concepto de "panamericanismo" inventado en el país del norte.

El hispanismo se convirtió en uno de los principales objetivos de la política de Primo de Rivera. En una carta de éste al jefe de la Unión Patriótica, José Gabilán, se señala como ideario esencial del partido:

"El estrechamiento, cada día mayor, de las relaciones espirituales, intelectuales y mercantiles con los países de origen ibérico (...) que se consideren incluidas, sobre todo en los momentos difíciles de la vida universal, en una gran Liga que sea como la expresión auténtica del genio y de los deberes de la Raza". (...) el problema del hispanoamericanismo, más que un problema americano, es un problema español" [8].

Los países americanos se mostraron partidarios del acercamiento a España, manifestándose muy especialmente en lo cultural. La presencia de inmigrantes españoles, –como en el caso de Buenos Aires-, posibilitaba un fácil entendimiento. En el plano artístico, la importancia de la pintura española en el mercado iberoamericano con la conformación de colecciones públicas y privadas de artistas contemporáneos propició un vínculo muy estrecho entre estas naciones y la antigua metrópoli.

Retrato de Miguel de Unamuno (AGN-DDF)

La ciudad de Buenos Aires, sus calles y espacios sociales

"... ¡que mundo de pasiones, de anhelos, de fiebre, de esperanzas y de ensueños, de ideales!... La vida es allí intensa como en ningún otro sitio, como en ninguna otra edad" [9].

A nivel literario el acercamiento entre España y América se vio reflejado en la llegada de escritores españoles que venían a "redescubrir" América y a devolver una nueva mirada de la metrópoli. En el caso de Argentina, este acercamiento tendrá en la ciudad de Buenos Aires un punto clave, en tanto era fácil de entender desde una visión europea. La ciudad es caracterizada como una gran metrópoli al nivel de París, Berlín, Montreal o Nueva York. Los adjetivos más utilizados para describirla son joven, grandiosa, agitada, mercantil, vertiginosa, veloz, tentacular, laboriosa, codiciosa, cosmopolita, moderna, alborotada, trabajadora, ecléctica, financiera y próspera. La visión que se da de la capital argentina está muy vinculada con la idea del progreso económico y financiero. La ciudad es un hormiguero de trabajadores, hombres y mujeres que andan rápidamente por sus calles como símbolo de ese progreso.

Esa velocidad se pone de manifiesto en numerosas descripciones: *"otra de las primeras impresiones que se reciben es que todos andan deprisa y que todo está alborotado. Aquella calma que traemos de Europa, aquel ritmo en el caminar que podríamos calificar de tres por cuatro, aquí es de cuatro por doce, y uno tiene que acostumbrar las piernas al compás de los demás si no quiere ser un estorbo público. No creemos que todos tengan prisa, pero los que no la llevan tienen que fingirla. Aquí el caminar es un medio, y en ninguna otra parte del mundo hay tantos tranvías, coches, automóviles y autodiablos, ni tantas máquinas de transporte"* [10].

7. LEMUS LÓPEZ, Encarnación. *Canarias y la Exposición Iberoamericana de 1929*. Santa Cruz de Tenerife: Caja de Canarias; 1988. P. 21.

8. PEMARTIN, José. *Los valores históricos de la Dictadura*. Madrid, 1929. P. 573.

9. SALAVERRÍA, José María. *A lo lejos. España vista desde América*. Madrid: Renacimiento; 1914. P. 11.

10. RUSIÑOL, Santiago. *De Barcelona al Plata. Un viaje a la Argentina de 1910*. Navarra: Biblioteca Grandes viajeros; 1999. P. 69-70.

Santiago Rusiñol. *Un viaje al Plata*. Madrid: La Novela Corta; 10 de abril de 1920. Retrato de Santiago Rusiñol. (AGN-DDF)

"Entretanto, por la calle corrían, más que andaban, los afanados transeúntes. Ninguno de ellos se detenía a mirar los retratos que campeaban en el escaparate…la gente pasaba: la gente no tenía tiempo que perder… la gente iba de prisa; algo oculto é inflexible espoleaba a las personas"[11].

Este vértigo merece abundantes críticas por varios autores, entre ellos José López Jiménez, pseudónimo del pintor, escritor y crítico de arte Bernardino de Pantorba (1896-1990) que comenta *"otra cosa que noto, andando por Buenos Aires, es la escasez de obras de arte. Bien visto, ¿para qué se va a poner arte aquí, si todos los ciudadanos marchan corriendo, tropezando unos con otros, pensando en los negocios, barajando números en la cabeza? ¿Quién iba a encargarse de mirar las obras de arte?* [12] Considera que la ciudad necesita pararse y meditar sobre su futuro y sobre todo, sobre su pasado.

Dentro de Buenos Aires, los textos analizados, insisten fundamentalmente en una serie de lugares que encarnan lo más auténtico de la metrópoli. Comenzamos por la descripción que hace el pintor Santiago Rusiñol de la Avenida de Mayo: *"Buenos Aires, como toda las ciudades, además de incontables calles, tiene una que puede denominarse La Calle. En algunas ciudades la llaman la Rambla, en otra el Boulevard y en otras el Paseo o la Terraza. Aquí es la Avenida de Mayo. Esta Avenida es el lugar al que uno va a parar, llegue de donde llegue. Es el cerebro de donde salen los nervios. Es la central de teléfonos. Es donde vive la araña, en el centro de la tela. Es el punto al que se encamina el extranjero para orientarse cuando se pierde en el laberinto. Es el motor que mueve la gran máquina*[13].

Otro de los lugares que aparecen insistentemente en los viajeros estudiados es Palermo: *"Palermo, el paseo de moda, es el parque al que van cada tarde los carruajes y los automóviles a dar espectáculo, a verse los unos a los otros y a pasar cuentas de la riqueza, como si fuera una teneduría del subir y bajar de las fortunas… El paseo es muy grande y muy hermoso. Al lado de un grupo de eucaliptos, de ramas que cuelgan como plumas, se ve un paseo de palmeras que llega hasta el río. En medio de un grupo de sauces, un pequeño restaurante, como una tienda que los ingleses hubieran plantado para fundar una colonia. Entre los prados y los macizos de flores, El sembrador de Meunier, alguna estatua de "hijo ilustre" y, destacando sobre todo, el monumento a Sarmiento, esculpido por el gran Rodin"*[14].

Y las calles Esmeralda, o Florida, *"verdadero foco de todas las elegancias de la ciudad, (en la que) las vidrieras permanecen abiertas, y bajo una discreta claridad cenital, varios maniquíes femeninos de cera, adornados con aparatosos sombreros y vestidos lujosamente, según los últimos figurines traídos de Europa parecen bailar tras el cristal"*[15].

11. SALAVERRÍA, José M. Op. Cit. P. 9-10.

12. LÓPEZ JIMÉNEZ, José: *López en la Argentina*. Córdoba: Impresiones humorísticas. Imprenta Argentina; 1920. P. 17.

13. RUSIÑOL, Santiago. Op. Cit. P. 68.

14. Idem. P. 148.

15. ZAMACOIS, Eduardo. *Dos años en América*. Barcelona, Casa editorial Maucci; 1912. p. 20.

"La calle de la Florida es el meollo de este país, donde están las mejores tiendas y la vida más intensa… es ésta una calle que, a pesar de su parentesco con su familia de calles, no se parece a las de su clase. No es muy ancha, es recta, no tiene casas muy altas, no destaca por su arquitectura, pero su abigarramiento, el estallido y variedad de cosas que se ven en ella, y la distinta procedencia de todas esas cosas, hacen de esta calle una feria tan compleja que no creemos que puedan reunirse más objetos de todo el mundo que los que es ven en este rastro, o en esta gran feria de lujo"[16].

Este lujo que comenta Santiago Rusiñol se pone de manifiesto, y así es comentado por los autores analizados, en los escaparates de las tiendas y en el buen gusto que impera en la ciudad.

Para el novelista y ensayista Enrique Gómez Carrillo, guatemalteco aunque con presencia en las editoriales españolas, una de las características de la ciudad es el buen gusto: *"es en la presente en la que yo he visto la ciudad, con su alegría, con su actividad, con su lujo, con su buen gusto…Buenos Aires, más feliz, ha ido a inspirarse a Francia, y de Francia, país de medida, de armonía, de elegancia sobria, ha traído estas líneas puras, su gracia severa y su bulevar parisiense"*[17].

De todas formas es el escritor José María Salaverría[18] el que más se detiene en la descripción de los escaparates como símbolo del lujo y buen gusto de la ciudad. En su obra *Paisajes argentinos*, publicada en Barcelona por la editorial Gustavo Gili en 1918, incluye un capítulo exclusivo a dichas vidrieras.

Para este autor los escaparates son el símbolo de las pasiones del argentino que se caracteriza por el gusto por la ostentación, su condición exhibicionista y su interés por lo fastuoso y vanidoso. *"Pocas ciudades aventajan a Buenos Aires en el lujo de sus comercios… Los escaparates porteños resultan una verdadera fiesta de adornos, de prodigalidad y con frecuencia también de buen gusto… Pero los escaparates, como todas las cosas, hasta las más vulgares, tienen una psicología particular. Repasando uno a uno los escaparates bonaerenses, es posible averiguar los vicios, las características morales, las pasiones de los habitantes… Pero observad inmediatamente los escaparates de las tiendas de lujo, y conoceréis el prurito de ostentación que ocupa el mayor espacio del alma argentina…Gustan el charol, la seda, los encajes, las colas, las joyas, las plumas. Todo lo que concierne a la vanidad"*[19].

16. RUSIÑOL, Santiago: *Op. cit.* P. 96.

17. GÓMEZ CARRILLO, E. *El encanto de Buenos Aires*: Madrid: Perlado, Páez y Comp.; 1914. P. 29.

18. Sus primeros artículos los publicó en *Euskal Erria* y en otras revistas del País Vasco. Publicista infatigable, colaboró en *ABC, La Vanguardia* y *Diario Vasco* entre otros diarios, en especial *La Voz de Guipúzcoa* de San Sebastián. Emigró a la Argentina en 1911 y allí consigue entrar como redactor en *La Nación* de Buenos Aires en 1912. Este país le inspiró libros como *Tierra Argentina, El poema de la pampa* y *Paisajes Argentinos*.

19. SALAVERRÍA, José María. *Paisajes argentinos*. Barcelona: Gustavo Gili; 1918. P. 140.

Enrique Gómez Carrillo. *El encanto de Buenos Aires.* Madrid: Perlado, Páez y Comp.; 1914; y José López Jiménez. *López en la Argentina. Impresiones humorísticas.* Córdoba: Imprenta Argentina; 1920.

Retrato de José Ma. Salaverría. (AGN-DDF)

Mientras, los escaparates de las tiendas dedicadas a la repostería y almacenes de ultramarinos no están al mismo nivel, por lo que el autor deduce que la ciudad tiene escasa glotonería y no le interesa tanto la actividad gastronómica como el consumismo de lujo. *"Los escaparates de los almacenes y reposterías no están Buenos Aires a la altura de su prestigio. Hay muchos bares, restaurantes, confiterías; pero esa profusión de lugares donde se come y bebe no significa, a lo más, otra cosa que abundancia de dinero. Falta, en cambio, el esmero de las muestras, falta la tentación de las golosinas expuestas con ánimo de sobornar la gula del transeúnte"[20].*

Para Gómez Carrillo[21], la ciudad de Buenos Aires tiene por encima de todos los valores y descripciones formales expresión, carácter y temperamento. Rasgos que la distinguen de cualquier otra ciudad americana. *"Pero Buenos Aires, que forma parte del mundo latino, tiene otra alma, y por eso cuando se apiña en sus calles incómodas parece que se divierte, y cuando llena el espacio con el rumor de su negocio diríase que canta. ¡Oh, vida intensa de Esmeralda, de Corrientes, de Cuyo, de Maipú, de todos los callejones interminables de la city, cuán poco os parecéis a las visiones que en general se forma el mundo de lo que es una gran ciudad americana! Todos los que venimos de lejos hacia vosotras traemos prejuicios que han hecho nacer los que, queriendo halagaros, os quitan lo que tenéis de mejor, que es la expresión, el carácter, el temperamento. Os imaginamos eléctrica, y no sois sino nerviosa... Os vemos pobladas de rascacielos de acero, y aun os divertís, cual las viejas aldeas españolas en poner flores en vuestras ventanas... Os creemos sólo ocupadas de negocio, y en vuestra estrechez generosa siempre reserváis un espacio para que los desocupados vean pasar a las mujeres airosas..."[22].*

Buenos Aires, urbe de negocios

Junto con las descripciones de la ciudad, vertidas en el punto anterior, Buenos Aires es vista por todos los escritores como una urbe mercantil donde lo único que preocupa a sus habitantes es hacer negocio y conseguir rápidamente ganancias. Para José María Salaverría, tal como indica en su obra *A lo lejos*, se trata de una civilización del tanto por ciento y donde la gente corre por la tentación del lucro. *"¿Es que a Buenos Aires sólo debemos ir a ganar dinero? ¿Es que la gran ciudad que brilla al otro lado del mar como un faro gigante, como un Eldorado de ensueño y maravilla a los ojos de todos los necesitados del mundo, no merece ser visitada por el único y limpio placer de verla?"[23].*

Para Santiago Rusiñol, Buenos Aires es la ciudad del negocio y de la ganancia rápida, *"Argentina no sólo se ha recuperado, sino que es uno de los casos de más crecimiento y de más rápida prosperidad que pueda verse en la historia"[24].* Afirma también que el país se caracteriza por su capacidad para el trabajo: *"Y esta Argentina tiene un don que no se ha podido explicar: un don que a los apocados, a los abandonados, a los decaídos, por obra del clima, por mor del ejemplo, por la ambición de volver o por la de no querer volver jamás, les da unas ganas de trabajar, que la Santa Pereza, tan complaciente con los temperamentos soñadores, aquí despierta y tiene que trabajar"[25].*

En este ambiente de negocios que caracteriza a Buenos Aires el centro neurálgico es la City, el barrio financiero de la ciudad, que es descrito, comentado y también criticado por casi todos los viajeros.

Para Salaverría *"Buenos Aires no engaña a nadie. Al extranjero que desembarca en los muelles, le ofrece como primer espectáculo el de la City, con sus bancos y oficina de negocios... Buenos Aires, mucho más sincero, pone en primer lugar sus Bancos y oficinas mercantiles. Así logra encadenar al hombre ambicioso, inyectándole desde el momento que desembarca el virus de la codicia"[26].* Este mismo autor comenta las sus características urbanas *"La City propiamente dicha es pequeña: comprende cuanto más una superficie de un kilómetro cuadrado. En ese espacio de terreno tan corto se encuentra lo más vigoroso y potente de la ciudad: los Bancos, la Bolsa, las agencias de navegación, los grandes remates, las oficinas de tierras y de seguros. Lo más vivo, todo cuanto significa fuerza financiera, está comprendido en esas calles privilegiadas"[27].*

Buenos Aires: ciudad sin historia

Para terminar nos interesa señalar algunas de las descripciones que estos autores hacen sobre algunos aspectos más negativos de la ciudad, donde aunque lo que se busca es ese "Eldorado" por parte de los inmigrantes, no siempre la realidad es tan prometedora. En esta visión

20. Idem. P. 141.

21. Fue colaborador del diario *Correo de la Tarde*, dirigido por Rubén Darío, hasta 1890; y director de *El Liberal* a partir de 1916. Viajero infatigable por todo el mundo, vivió largas temporadas en París y Madrid, dónde publicó su primer libro *Esbozos*. En 1898 fue nombrado cónsul de Guatemala en París y años más tarde, el presidente argentino Hipólito Irigoyen le nombraría también representante de Argentina en la misma ciudad. Desde 1895 fue académico correspondiente de la Real academia Española. En Francia fue varias veces galardonado por su obra literaria.

22. GÓMEZ CARRILLO, E. Op. Cit. P. 49.

23. ZAMACOIS, Eduardo. Op. Cit. P. 8.

24. RUSIÑOL, Santiago. Op. Cit. P. 92.

25. Idem. P. 81.

26. SALAVERRÍA, José María. Op. Cit. P. 148.

27. Idem. P. 149.

lo que más llama la atención a los viajeros es la falta de historia, de pasado, de tradiciones, de aspectos culturales y el rechazo y desprecio que ofrece la ciudad por todo lo antiguo. También la falta de "calor humano" de la ciudad, la ausencia de vida familiar, el interés exclusivo por lo material y la escasez de valores espirituales.

Así para Santiago Rusiñol "*la gran ciudad de Buenos Aires peca un poco de metalizada, o de lo que hoy se llama financiera, y carece de lo que puede interesar al turista, como son museos, jardines clásicos, viejos monumentos o costumbres típicas, porque no puede tenerlos. Y no puede tenerlos porque no les ha quedado tiempo. Para que un pueblo tenga viejos monumentos, tienen que haber sido nuevos en el pasado, y aquí eso no existe*"[28].

Este mismo autor señala que echa en falta en la ciudad tres cosas fundamentales: perros, campanas y anticuarios, y esta carencia lo considera un ejemplo de que Buenos Aires es una ciudad donde no interesan las aficiones inútiles, no hay cabida ni para los recuerdos, ni para los sentimientos ni para la poesía.

Esas carencias también las pone de manifiesto José María Salaverría que destaca que en Buenos Aires no hay gatos, un dato menor, pero que el autor vincula a la falta de vida familiar de la ciudad y se pregunta "*¿es que le falta ternura a las familias porteñas?*"[29]. Para este mismo autor las familias bonaerenses se caracterizan por el nomadismo y la accidentalidad en su conformación. Las familias se organizan bruscamente sin hábitos tradicionales con el propósito de "empezar de nuevo" y en ese nuevo camino no hay cabida para las tradiciones, las herencias ni los recuerdos. Se trata de familias nuevas, jóvenes como la propia ciudad.

Así, para Salaverría, "*las casas viejas de Buenos Aires se van. Quedan muy pocas, y las pocas que quedan desaparecen con singular rapidez… Caen las casas, se derriba lo viejo, huye lo familiar y lo histórico, y el alma pública sigue tan fría, como si esos objetos no la afectasen en nada… Se diría una ciudad sin historia, sobre todo sin abolengo, cuya tradición comienza desde ayer mismo, todavía más: desde hoy…*"[30].

La ciudad de Buenos Aires se caracteriza por una especie de "horror por lo viejo", por la pátina que denota el paso del tiempo, por lo antiguo. Hay una falta de amor y respeto por los antepasados, quizás porque lo antiguo se vincula con España y es necesario borrar todo lo que recuerde a su pasado colonial. Para Salaverría los argentinos consideran que su historia comienza con la revolución de 1810.

Este mismo autor señala los peligros que puede acarrear esta falta de respeto por el pasado y apunta que "*Los pueblos, asimismo, por muchas importaciones y renovaciones que sufran, guardan siempre la modalidad, enérgica, definitiva, que adquirieron en su formación. Por eso, con todas las aportaciones exóticas y multiformes que caen diariamente en la Argentina, la modalidad auténtica, la que se formó en los primeros tiempos de la colonia, se mantiene viva siempre. Cuando llegue ese momento, los argentinos lamentarán la irrespetuosa manía de destrucción de sus antepasados. Modestas, frágiles y sencillas como eran, sin embargo, aquellas mansiones viejas habían guardado el aliento de sus abuelos, en su ámbito se desenvolvieron las vidas antepasadas y, de ellas surgió el molde de la nacionalidad*"[31].

Por supuesto Salaverría era un nostálgico del papel de España en la conformación de la Argentina del Centenario. De hecho apunta en su obra *A lo lejos*: "*Quedé sorprendido al oír a las gentes hablar en lenguaje español, y conducirse al fin, a pesar de las salvedades de detalle, como perfectos españoles. Y en esto ví otra vez la mano potente de España. El fenómeno, de tan familiar desapercibido, fue entonces cuando cobró verdadera existencia y significación… El esfuerzo inicial y matriz de España estaba allí visible, en aquellas calles de lenguaje castellano, en aquella vida poderosa, en aquella civilización ascendente, que como un árbol frondoso introducía las hondas raíces en el suelo ibérico. Y luego, más allá de lo inmediato, se me ofrecía el panorama de una América grande, saturada de la original savia española, marchando a un impensado y quién sabe qué prodigioso desenvolvimiento*"[32].

Eso significó para España la celebración del Centenario, un intento por recuperar su pasado glorioso a través del reflejo que le presentaban las jóvenes naciones americanas que habían sido capaces de sobreponerse a un pasado colonial y a un período de luchas internas por la Independencia y que se mostraban a principios del siglo XX como naciones orgullosas, fuertes y fundamentalmente con esperanza en el futuro.

José María Salaverría. *Paisajes Argentinos.* Barcelona, Gustavo Gili: 1918

28. RUSIÑOL, Santiago. Op. Cit. P. 91.

29. SALAVERRÍA, José María. Op. Cit. P. 138.

30. Idem. P. 143.

31. Idem. P. 147.

32. SALAVERRÍA, José María. *A lo lejos. España vista desde América.* Madrid: Renacimiento; 1914. P. 14.

Los hispanistas argentinos.
Biografías de Larreta, Rojas y Gálvez

Enrique Rodríguez Larreta (1875-1961)

No hay duda de que sus estudios y su propia ascendencia lo inclinaban al mundo hispánico, pero su permanencia en España marcará sus temas preferidos y, sobre todo, su profundo amor por el Siglo de Oro. Como muchos de sus contemporáneos, este porteño nacido el 4 de marzo de 1875, se formó de la mano de los clásicos y conoció bien las lenguas latina y griega. Por ello, su primera obra importante -Artemis, 1896- se ambientará en la antigua Grecia.

Pero lo que hará de él un reconocido escritor -ya perdido su primer apellido- será su producción en escenarios hispanos y americanos. Dentro de estos últimos, aparecerá con frecuencia Buenos Aires y la cercana pampa, si bien muchas veces idealizadas. Sus obras de teatro serán varias y le abrirán las puertas del cine sonoro, entonces en sus comienzos, dando paso a su obra *El linyera*, que él mismo realizará con la dirección de Schmidt y Raffo en 1933. Mientras que como poeta se restringió a sus famosos ochenta y ocho sonetos -casi autobiográficos- de *La calle de la vida y de la muerte*, aparecido en 1941.

Su desempeño como ministro plenipotenciario en Francia, entre 1910 y 1918, le había permitido conocer a los mejores escritores de la época. Años después sería nombrado miembro de la Academia Argentina de las Letras, correspondiente de la Real Española y del Colegio de Francia. En 1949 obtiene el Premio Nacional de la Novela llegando a ser nominado al Premio Nobel.

ENRIQVE·LARRETA

EX-LIBRIS

Su libro más popular, *La gloria de Don Ramiro*, verá la luz en 1908, pero después de algunas ediciones siempre corregidas, presentará en 1927 la que llamó versión "definitiva" a través de la casa Peuser. Para muchos, será este libro el que definirá la imagen de su personalidad. Si no miráramos sus incursiones en el mundo del cine y otros escritos de corte rioplatense, creeríamos estar ante un hispanista que se quedara suspendido en el tiempo. Ciertamente, con este libro que por subtítulo lleva *Una vida en tiempos de Felipe II*, nos muestra con detalle las costumbres de aquel tiempo. Allí aporta Larreta una trama sencilla, casi una novela ejemplar, a la que rodea del ambiente castellano del siglo XVI.

A través de su obra, nos propone una nueva forma de ver España, pero con una parábola no menos interesante al llevar a su protagonista a enlazar su vida abulense con la Lima virreinal, donde se enamora de Rosa, y con las minas de Huancavelica, en las que enferma volviendo a la ciudad para morir y ser acogido por los brazos de la santa.

El mensaje tiene entonces más de un asidero, ya que en él se anudan destinos, se ve a la tierra americana como el ambiente en el que hay lugar para los arrepentimientos, glorificándose no sólo el protagonista, sino también con él su propio autor y su linaje, uniendo indisolublemente a la época de oro de la península con América y lo que aquí era posible.

Su propia casa, convertida en museo poco después de su muerte es casi un espejo de lo que quedara planteado en sus libros, aunque la presencia de Andalucía se viera aquí más reflejada. Adornó sus salas con muebles y obras de arte traídas de la península y casi armó para sí mismo un ambiente que condensaba su visión del alma hispanoamericana.

GMV

Ricardo Rojas (1882-1957)

Cuando evocamos a Rojas, quizás nos surja en primera instancia el recuerdo de la casa de la calle Charcas con su frente imitando la Casa de Tucumán. Allí habitaba aquel tucumano que había sido criado en Santiago del Estero mientras su padre gobernaba la provincia y que llegara a Buenos Aires en la juventud. Su libro *La Restauración Nacionalista* (1909) se basaba en los cambios que eran necesarios, sobre todo en las materias históricas, para que la Argentina de la inmigración masiva diera un giro hacia los valores nacionales. Para ello pasaba revista a la enseñanza de la historia en varios países europeos y la comparaba con lo que aquí sucedía. Frente a este análisis proponía el cambio tomando tanto la herencia precolombina cuanto la de épocas de la independencia, sin dejar de lado a la antigüedad clásica y a otros aportes literarios, históricos y artísticos, ya que su formación le permitía este amplio abanico. Él escribía en *Blasón de Plata* (1912) que *"El pueblo argentino, al cobrar conciencia de sí mismo durante el siglo XIX, ha padecido un doble extravío acerca de sus orígenes: en lo que tenía de americano creyó necesario el antihispanismo, y en lo que tenía de español juzgó menester el antiindianismo".*

EL TEMPLO DE EURINDIA

ALFREDO GVIDO
1923

36

Ante a este doble juego, Rojas planteó la recuperación de ambos temas: lo hispano y lo indígena, pues eran los valores recogidos en su niñez en el noroeste. Al radicarse en Buenos Aires debió enfrentarse -a fines del siglo XIX- con la realidad cosmopolita del puerto y por ello, afianzarse en su mirada americanista. Allí comenzó a gestar una nueva manera de ver la patria que se agudizara en su viaje a Europa. Lo hispano no fue entonces un enamoramiento ingenuo de lo castizo, sino la asunción de un pasado propio. La ocasión de congeniar lo americano con lo europeo se le presentó cuando en el barco en el que regresaba al Río de la Plata, la palabra "Eurindia" se le apareció insistentemente sirviendo de título a uno de sus libros. En esa obra, bastante distinta a otros trabajos suyos de corte histórico y énfasis pedagógico, hará un diagnóstico de la sociedad argentina y abrirá perspectivas a ese nuevo mundo de *Eurindia* (1924), aunque puedan rastrearse muchas ideas ya planteadas en *La Restauración...* especialmente en su capítulo de cierre. Reflejo de su tiempo, Rojas considerará la bondad de la religión, aunque sin detenerse en ninguna e inscribiendo entre ellas a las de "rito laico". El libro, que él califica como "de meditaciones" finaliza con la descripción de lo que sería el Templo de Eurindia y los ritos de iniciación que allí tendrían lugar. Esa "religión de la belleza" enlaza en su ámbito serpientes incas con cruces y símbolos de diversas procedencias, además de los personajes de Viracocha, Ollantay, Garcilaso, Mitre y Martín Fierro, sin dejar de lado murales con paisajes, vitrales, luces cenitales y fuente de abluciones.

Quería con esto poner en valor lo que era la patria criolla, con su idioma propio, con sus obras de arte, con sus costumbres, pero también con la necesidad de nutrirse de la historia. Hombre de convicciones demócratas, académico, doctor honoris causa de muchas universidades, y candidato al Nobel, dejó numerosos escritos. Más allá de todo ese conjunto, *La Restauración...* y *Eurindia* nos muestran su concepción del "alma de la patria" en donde las alegorías prehispánicas se daban la mano con celebraciones de corte europeo y en las que había que iniciarse a través de una rigurosa preparación. La lámina del templo aportada por Alfredo Guido hace comprender mejor esa idea y en cierta medida prefigura los ámbitos de su casa porteña en los que habitará Rojas hasta su muerte en 1957, y que hoy es museo.

GMV

Manuel Gálvez (1882-1962)

Nacido en Paraná, Gálvez pertenecía a una destacada familia santafesina y, como a tantos, lo había sacudido la llegada a Buenos Aires. Pero al impacto del ambiente porteño pudo compensarlo gracias al círculo de amigos que se forjara y con quienes se reunía asiduamente. La revista *Ideas*, dirigida por Gálvez y Ricardo Olivera, fue la que entre 1903 y 1905 recogió el pensamiento del grupo. Su trabajo en el Poder Judicial le permitió conocer la ciudad y sus bajos fondos. Esto se trasunta luego en su tesis en la Facultad de Derecho referida a la trata de blancas, y en varias novelas, entre las que se destaca *Nacha Regules* (1925) reeditada y traducida muchas veces, y llevada al cine. Pero ya antes, Gálvez había viajado a España, se había vinculado a las más destacadas figuras literarias, quedando fuertemente impresionado con las ciudades del interior de Castilla.

Su producción literaria fue amplia y muy diversa, con libros de historia, biografías, ensayos, poesías, novelas y sus cuatro tomos de memorias. Allí vuelca los conocimientos que había ganado en los barrios de Buenos Aires, en España y en sus recorridos por el noroeste argentino cuando era inspector de escuelas. Su sentir frente a las costumbres populares y su espiritualidad tuvieron un decidido vuelco al catolicismo después de casarse con Delfina Bunge en 1910. A partir de entonces se lo ve vinculado a Monseñor Miguel de Andrea, a las revistas *Criterio* y *Número*. Su viejo nacionalismo de juventud revive entonces, pero se funde con ideas hispanistas y católicas. En lo político, vio en Hipólito Yrigoyen al caudillo popular inclinado a lo hispanoamericano -justamente quien instituyera por ley la celebración del Día de la Raza- y, con el tiempo, llegó a ser su biógrafo. También se interesó por la vida de otros personajes como Sarmiento, Aparicio Saravia, Francisco de Miranda, Fray Mamerto Esquiú y Ceferino Namuncurá. Pero al que le dedicaría más de un libro sería a Rosas. Entre sus trabajos históricos se destacan sus tres volúmenes *Sobre la Guerra del Paraguay* (1928-1929).

Las preocupaciones que lo acosaron desde la juventud buscando la conciliación entre lo nacional y lo extranjero, entre la ciudad portuaria y el interior, entre la Grecia clásica que visitó y la realidad en que vivía, encontraron una salida a través de sus escritos, no ya como una manera de hacer pedagogía desde una cátedra, sino de volcar sus reflexiones en libros y en las innumerables revistas que fundó para que llegaran a todas partes e hicieran pensar al ciudadano argentino. Por eso no desdeñó ningún género literario y en todo ellos fue dando cuenta de sus ideas que, con sus continuas puestas al día no dejaba de transitar por ese sueño de patriotismo, orden, disciplina, heroicidad. A lo largo del tiempo se verán en sus planteos las influencias de distintos pensadores y de diferentes teorías filosóficas y políticas, pero esos matices van a estar siempre referidos a su pensamiento de base en el que la raza hispánica y sus valores ancestrales tuvieran lugar destacado que él veía reflejados en las gentes de provincia. Ciertamente, el dejarse deslumbrar por algunas figuras nacionales o extranjeras, le valieron a él y a su mujer no pocos sinsabores, pero esta flexibilidad de pensamiento y esa ausencia de dogmatismos, les permitiría a ambos alejarse de propuestas que tomaban otros rumbos.

En su última novela, *La gran familia de los Laris*, terminada un año antes de morir, enfrenta la realidad de la decadencia de la sociedad tradicional con la de los grupos inmigrantes en ascenso. Pero allí también rescata los valores de la humildad, la virtud y la religiosidad, pese a estar ya él mismo, un tanto pesimista por la situación del país.

Manuel Gálvez fallece en 1962.

GMV

Los actos del Centenario y la presencia de la Infanta

Guillermo Gasió

Para la redacción de esta breve crónica de visita de la Infanta Isabel de Borbón a Buenos Aires, en mayo de 1910, se ha tomado como fuente *El Diario Español*, continuación de *El Correo Español*, fundado el 29 de julio de 1872, por Enrique Romero Jiménez.

"*Tengo la honra de poner en conocimiento de V.E. que según informes recibidos de mi gobierno, la Misión Extraordinaria que S. M. el Rey, mi augusto soberano, envía a la República Argentina con el objeto de asociarse en nombre y representación de España, a las fiestas conmemorativas del primer centenario de esta próspera y floreciente nación, ha quedado constituida de la siguiente forma: S.A. la Serma. Señora doña Isabel. (...) Juan Pérez Caballero y Ferrer, embajador extraordinario*". Tal la comunicación oficial recibida por la Comisión del Centenario sobre la presencia de la Infanta Isabel de Borbón y la nutrida comitiva que la acompañaba.

El yacht real *Alfonso XII* llegó al puerto de Buenos Aires el miércoles 18 de mayo, pasadas las 2 de la tarde. La noche anterior, el Club Español había organizado una recepción a bordo del buque París, "*repleto de familias*", que se aproximó a la embarcación regia; al hacerlo, pasada la medianoche, la banda de música comenzó a ejecutar la Marcha Real Española. A la entrada a la dársena, en el yacht oficial flameaban "*en su palo mayor, el Estandarte Real, y un poco más abajo, las insignias de la Infanta*". Un testigo revela que al momento de desembarcar, contemplando a la multitud que la estaba aclamando, la Infanta dijo emocionada: "*Yo no me voy satisfecha si no doy la mano a cada uno de los españoles*". Advertida que los inmigrantes de ese origen llegaban a los 700 mil, la Infanta habría exclamado: "*¡Pues a los 700 mil! ¡A cuantos pueda de los 700 mil, comenzando por los más pobres, por los más humildes!*"

El intendente de Buenos Aires, Güiraldes, subió a bordo para dar la bienvenida a la misión española. La Infanta llegó "*vestida de elegante traje de terciopelo marrón*". Al pie de la escalera, esperaban a la ilustre huésped el Presidente de la Nación, Figueroa Alcorta, el canciller De la Plaza, y altas autoridades argentinas.

Caricatura de la llegada de la Infanta con el presidente y ministros, recibiéndola con atuendos indígenas, y la conmemoración a los próceres con el monumento que no habría de realizarse

Del Puerto marcharon hacia la Casa de Gobierno. La Infanta y el Presidente *"ocuparon la magnífica carroza enganchada a la gran daumont"*. Tomaron por el Paseo de Julio, donde *"la ovación tributada a la Infanta fue indescriptible. Grupos de obreros se quitaban los sombreros vitoreando a la Argentina y a España. Las mujeres, emocionadísimas, saludaban con los brazos en alto, agitando los pañuelos"*. En Casa Rosada, los esperaba el gabinete nacional en pleno. La Infanta se asomó a los balcones para saludar a la multitud congregada en Plaza de Mayo, que había estado esperando desde hacía horas su paso y su presencia. La comitiva continuó por la *muy madrileña* Avenida de Mayo hacia Plaza de los Dos Congresos, por entonces en construcción, y dobló por la Avenida Callao, con sus elegantes edificios embanderados y pletóricos de gente asomada a los balcones para presenciar aquel irrepetible acontecimiento. *"La gente no se cansó de aplaudir y de vitorear a España; a la Argentina, a la Infanta, y a la Embajada"*. A su paso, se anotó *"un detalle: una mujer del pueblo, ataviada a la usanza madrileña, levantaba las manos, llorando de emoción al paso de la Infanta, que tuvo para ella un saludo expresivo"*. Al tomar por Avenida Alvear, la comitiva recibió *"el homenaje de la aristocracia porteña"*. La Infanta y su comitiva se alojaron en el distinguido Palacio de Bary.

"Te encuentras en tu patria, en tu hogar, en tu iglesia. Millones de argentinos te dan la bienvenida, y al través del aire y del Océano envían sus besos de amor a España", dijo el matutino *La Prensa* en su editorial del día. *La Nación* también se asoció a la bienvenida: *"a España va principalmente el homenaje de afecto, de respeto, de altísima emoción con que recibimos a su hija predilecta"*.

El jueves 19, la Infanta visitó el Hospital Español durante la mañana. A su llegada pasó a la capilla donde participó de la Misa celebrada por el arzobispo de Buenos Aires, monseñor Espinosa. A continuación, recorrió las vastas instalaciones del hospital, *"conversando con los enfermos, consolándolos, inquiriendo datos de su enfermedad, de su pueblo de origen, de su situación, oficio o medios de vida"*. Sobre la Avenida Belgrano se dieron cita una gran cantidad de españoles residentes en la Capital de la Argentina, los que recibieron el saludo de la Infanta desde los balcones de aquel centro asistencial. Por la tarde, la ilustre huésped visitó el Museo Mitre, en el cual pudo apreciar sus valiosos Archivo y Biblioteca. A continuación paseó en automóvil por la coqueta calle Florida, repleta de gente haciendo compras, y disfrutando de sus elegantes cafés y *magazines*. Por la noche, el Presidente ofreció un banquete en honor de la Infanta; al levantar la copa de champaña a modo de brindis, dijo Figueroa Alcorta: *"creemos ver y sentir en la delegación española, antes que la cortesía de un deber patriótico, la ternura de los afectos perdurables que radican en el hogar originario"*.

La visita a la estancia de Leonardo Pereyra, próxima a La Plata, fue la actividad central de la Infanta y su comitiva durante el viernes 20. *"Millares de vacas y de ovejas se hallaban diseminadas por la estancia, despertando exclamaciones de admiración y de entusiasmo"*. El almuerzo, a cargo del Café de París, fue servido en los dos grandes salones comedores de la casa. A su término, se presentaron sucesivos números artísticos. *"La peonada del establecimiento hizo diversos ejercicios camperos arrancando entusiastas aplausos que más de una vez inició la infanta Isabel"*. La comitiva regresó en el mismo tren que los había llevado a la estancia. En la Estación Constitución los esperaban

La participación de la Infanta en los actos oficiales

Multitudinarias manifestaciones populares y desfiles cívicos enmarcan la presencia de la Infanta

no menos de dos mil personas. Al anochecer, recibió a la Comisión Argentina de Recepción, que se había reunido previamente en casa de don Ramón Escasany.

El saludo de la colectividad española en pleno se concretó el domingo 22. Los innumerables centros, círculos, orfeones, asociaciones de socorros mutuos, etc., representativos de España, así como de los gallegos, asturianos, valencianos, vascos, catalanes, etc., se congregaron desde temprano en la zona de Recoleta, luciendo trajes tradicionales y portando banderas, estandartes e insignias que permitían distinguir a cada agrupación. Desfilaron a partir del mediodía por las avenidas Quintana y Alvear, y pasaron frente a la residencia en que se alojaba la Doña Isabel, donde recibieron su afectuoso saludo. Los ayuntamientos de Madrid, Barcelona, Vigo y Zaragoza enviaron comitivas especiales para los festejos del Centenario Argentino.

El domingo 22, las delegaciones extranjeras fueron obsequiadas por el presidente Figueroa Alcorta con un almuerzo en la Casa Rosada. En la cabecera de la mesa se ubicaron la Infanta Isabel y el presidente de Chile, Arturo Montt. Por la tarde, concurrieron al Hipódromo Argentino, donde se corrió el Gran Premio Centenario; la reunión *"confirmó la expectativa que se mantenía en los círculos más distinguidos de Buenos Aires"*. Por la noche, se ofreció un banquete seguido de baile, en el palacio de doña Agustina Luro de Sansinena, sobre la calle Corrientes. *"Aquello es suntuoso a la par que sencillo y familiar. Un perfume embriagador satura el ambiente"*.

Los festejos se prolongaron de la plaza y la calle, a los banquetes

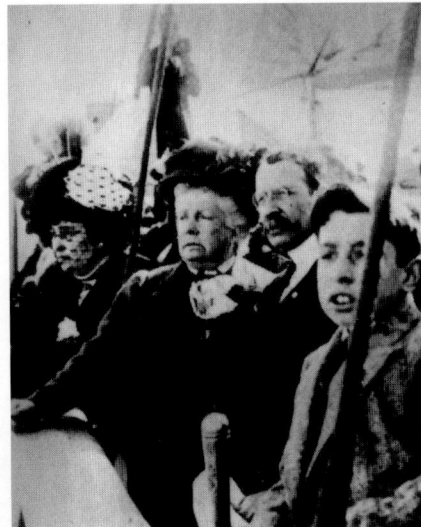

La Infanta tuvo un protagonismo central en las fiestas del Centenario

Los actos centrales del miércoles 25 de mayo de 1910 tuvieron como escenario central la Plaza de Mayo: en su entorno se ofició el Tedéum en la Catedral Metropolitana, y se realizó el desfile militar de tropas argentinas y visitantes, presenciado desde los balcones de la Casa de Gobierno por los gobernantes argentinos acompañados de las misiones especiales acreditadas para aquellos multitudinarios festejos. "*La ciudad presenta un aspecto atrayente y exótico con tan extraordinario gentío de todos los países que pasa bajo el fulgureo de una iluminación fantástica*".

En la edición conmemorativa publicada por *La Nación*, se incluye una colaboración de Aníbal Latino, en el cual el autor apunta que la relación de la Argentina con España debía entrar en una nueva fase, advirtiendo que durante décadas, la actitud del país había sido reluctante y hasta hostil a todo lo español, señalando a modo de ejemplo, que se preferían las letras francesas antes que las expresadas en idioma castellano: "*Si la República Argentina, como no cabe dudarlo, llegara a ser una gran nación y a desempeñar en el mundo, en las manifestaciones del arte, de las letras y de las ciencias un papel tan brillante como lo han desempeñado sus hermanas mayores en sangre y en raza, España tendrá motivo para estar satisfecha, y Rafael Calzada podrá afirmar con razón que este pueblo hidalgo y generoso es el orgullo de la familia española*".

La Infanta participó el lunes 26, del acto de colocación de la piedra fundamental del Monumento que la colectividad española ofreció a la Nación Argentina, obra del escultor Querol, emplazado en la intersección de las avenidas Sarmiento y Alvear, en el Parque 3 de Febrero. "*¡Soberbia manifestación de españolismo. ¡Loor a la hispana estirpe! ¡Unión, fraternidad y amor entre los que la constituyen!*" Dos días antes, los italianos habían hecho otro tanto con el monumento a Cristóbal Colón.

Otro acto significativo fue la inauguración de los Pabellones de España, preparados por la Cámara Oficial de Comercio Española, para la Feria del Centenario. "*Hagamos votos - dijo el embajador Pérez Caballero, en presencia de la Infanta Isabel - porque la prosperidad siempre creciente y grandiosamente desbordante de la República Argentina, y a la prosperidad deseada por España de las demás repúblicas hispanoamericanas, acompañe el rejuvenecimiento, ya felizmente iniciado, de la Nación descubridora y civilizadora de este prodigioso continente americano*".

Al cabo de 16 días donde su sucedieron los actos, homenajes y demostraciones de reconocimiento y afecto bilateral entre España y la Argentina, la Misión Extraordinaria de S.M. el Rey llegó a su fin. En su editorial del 2 de junio, concluye *El Diario Español*: "*La actitud del país entero ha sido tan unánimemente fraternal que el viejo lazo queda indisoluble en la realidad de los hechos, como lo era ya en los espíritus. Ha sido el sentimiento hispano que ha brotado de pronto en el alma de este pueblo, surgiendo a la luz con toda la impetuosidad de los ideales harto contenidos*".

El Pabellón Español en la Exposición del Centenario

Arq. Ramón Gutiérrez
CONICET, CEDODAL

En búsqueda de la identidad nacional. Las Exposiciones Universales

Las Exposiciones Universales fueron consideradas como los escenarios paradigmáticos para las manifestaciones de las arquitecturas de los diversos países. Allí se expresan con el pabellón que representa a los países y estos tienden a elegir unos objetos cuya voluntad formal concuerde con aquello que testimonie la fuerza, el carácter y la cultura del país más allá de sus contenidos de exhibición específicos.

Esta idea de que los pabellones "hablasen" o trasmitiesen el imaginario de cada nación fue tempranamente acuñada en la Exposición Universal de París de 1867, oportunidad en que por primera vez un país como el Perú se permitió mostrar un pabellón neoincaico reivindicando su original condición americana[1]. El tema iría pues a entroncarse con una circunstancia más profunda de una reivindicación identitaria que alcanzaría notoria fuerza en los americanos a comienzos del siglo XX.

La construcción de este imaginario a veces no es patrimonio de un solo país y muchas veces los pabellones que expresan a "Las artes" en los recintos funcionales al conjunto adoptan características formales indistintas. Zeynep Çelik en su trabajo *Displaying the Orient* ("Exhibiendo el Oriente")[2] analiza la articulación genérica entre estas arquitecturas y la búsqueda de una identidad a partir del ejemplo pionero del Crystal Palace de Joseph Paxton, de la Exposición Universal de Londres de 1851, en el que el arquitecto Owen Jones, superintendente en la misma, incorporó el "Alhambra Court". Ello se explica pues Jones había estado en Granada en dos ocasiones en 1834 y 1837 editado su magnífico libro *"Plans, Elevations, Sections and Details of the Alhambra"* (Londres, 1842)[3].

Álbum "Gran Panorama Argentino" realizado en oportunidad del Centenario de 1910 (CEDODAL)

1. Reproducido en un grabado en la Revista *Artes y Letras* de origen colombiano editada en París, 1876.

2. ÇELIK, Zeynep. *Displaying the Orient. Architecture of Islam at Nineteenth-Century World's Fairs*. Berkeley & Los Ángeles: University of California Press; 1992.

3. JONES, Owen y GOURY, Jules. *Planos, alzados, secciones y detalles de la Alhambra*. Ed. de María Ángeles Campos Romero. Madrid: Ediciones Akal; 2001.

En España el debate sobre las expresiones arquitectónicas de índole nacional estuvo muy presente en las últimas décadas del siglo XIX. En este sentido, como señala María José Bueno *"las exposiciones universales son un punto de mira privilegiado para estudiar las distintas visiones que España dio de sí misma, y que variaban dependiendo de los acontecimientos políticos económicos y sociales por los que atravesaba el país"*[4]. Este último aspecto es importante pues las oscilaciones políticas e ideológicas acentuaban las preferencias por determinados momentos de la Historia de España, en una visión donde estos pabellones estaban insertos en una concepción del academicismo historicista.

En un siglo XIX donde España no contaba en el vanguardismo industrialista de Europa, la historia era un refugio que permitía hablar de tiempos de gloria. Entre ellos el de mayor fortuna, por distinguir al país de cualquier otro europeo, fue el del "neoárabe" que fue ideológicamente adscribiendo al "neomudejarismo" que ya integraba las manifestaciones propias de los hispanos.

La preocupación por asegurar la singularidad y prestigio de las obras, por encima de las nociones del buen gusto y las normatividades de la composición neoclásica, había decretado de alguna manera la muerte del rígido sistema pedagógico que durante más de un siglo impusiera los patrones de la arquitectura. La historia siguió siendo la cantera del repertorio de formas pero abriendo sus espacios geográficos y temporales a remotas regiones y épocas, donde la visión arqueologista lograba incorporar legendarios conjuntos y fragmentos de civilizaciones orientales y hasta prehispánicas[5].

Los Pabellones "neoárabes" de España comienzan en la Exposición de Viena de 1873 y se reiterarían en la Exposición de París de 1878 con una obra que concitó gran interés. Aunque en 1889 en París, Arturo Mélida ensayaría con su visión arqueologista un pabellón muy ecléctico, está claro que este despuntar exótico de la presencia hispana alcanzaría resonancia. Por una parte en las naciones iberoamericanas que ingresaron a este imaginario por el lado de "lo morisco". Tal el caso del pabellón del Brasil en la Exposición de Filadelfia en 1876, obra realizada por el arquitecto norteamericano Frank Furness[6]. También México compareció en la Exposición Mundial de la Industria y el Algodón de Nueva Orléans en 1884-1885, con una suerte de kiosco realizado en hierro por la compañía Keystone Bridge de Pittsburgh, Pennsylvania, diseño del mexicano José Ramón Ibarrola. Elisa García Barragán destaca que esta "Alhambra mexicana", *"más allá de falsos nacionalismos"*, tenía como objetivo *"producir un impacto universal"*[7]. Tras la muestra fue desarmado y a principios del XX fue reutilizado en la exposición de St. Louis de 1904; ubicado luego en la Alameda de México, fue removido de allí en 1908 para dejar lugar al Hemiciclo de Benito Juárez. A partir de ese momento fue trasladado a Santa María de la Ribera[8].

4. BUENO, María José. "Arquitectura y nacionalismo. La imagen de España a través de las exposiciones Universales", *Fragmentos* 15-16. Madrid, 1989. P. 59.

5. GUTIÉRREZ, Ramón. *Arquitectura y Urbanismo en Iberoamérica*. Madrid: Cátedra; 2002.

6. THOMAS, George E.; COHEN, Jeffry A. y LEWIS, Michael J. *Frank Furness. The complete works*. Nueva York: Princeton Architectural Press; 1996.

7. GARCÍA BARRAGÁN, Elisa. "Kiosco morisco: evocación de universalidad" en *Artes de México* 55. México, 2001. P. 78.

8. TELLO PEÓN, Berta E. *Santa María la Ribera*. México: Clío; 1998.

9. Ver: RODRÍGUEZ DOMINGO, José Manuel. "La Alhambra efímera: el pabellón de España en la Exposición Universal de Bruselas (1910)" en *Cuadernos de Arte de la Universidad de Granada* 28. Granada, 1997. P. 125-139.

10. BARBEROT, E. *Histoire des styles d'Architecture dans tous les pays depuis les temps anciens jusqu'a nos jour*. París: Baudry; 1891, 2 Tomos.

Pero fueron los franceses los que buscaron apropiarse del éxito y la curiosidad que habían generado los pabellones "neoárabes" y fue así como en la Exposición de París de 1900 se destacó el Palacio de la Electricidad realizado por Eugène Hénard, un notable espacio formado por arcos polilobulados que se habían inspirado en la Mezquita de Córdoba, incluyendo la iluminación en los arcos y dotando al espacio de numerosos espejos para lograr la multiplicación de las reflexiones lumínicas. Asimismo el montaje de las escenografías de *L'Andalouisie au temps des maures* creadas por los franceses, que intencionadamente perpetuaban la presencia española vinculada a lo árabe sería una de las principales atracciones. El neoárabe volvería finalmente a ser la imagen de España en la exposición de Bruselas de 1910[9].

No puede sorprender que la Alhambra de Granada encontrara rápidamente réplicas entusiastas en una gama de edificios residenciales o en refinadas arquitecturas efímeras de kioskos y templetes lúdicos en diversas partes del universo. Tampoco que hubiera ciertos temas predilectos en aquellos lineamientos de manejar "el carácter" de los edificios para asegurar la pertinencia entre las funciones y el adecuado ropaje que los singularizaría. Las plazas de Toros mostraron en este sentido su predilección mudejarista.

Pero estas manifestaciones eclécticas universales, adquirirían otro relieve cuando los protagonistas de las mismas eran los propios españoles, poseedores legítimos de la "patente" "alhambrista", "neoárabe" y "neomudéjar" en sus diversas manifestaciones. Lo propio sucedería con los *"style peruvien"* o *"style mexicain"* que propondría con rasgos precolombinos el tratadista francés Barberot en 1891[10].

Dibujo de Julián García Nuñez con el cual obtuvo la realización del Pabellón (CEDODAL)

Un nuevo perfil, la arquitectura del renacimiento español

Evidentemente la crisis de la pérdida de las últimas colonias (Cuba, Puerto Rico y Filipinas) en 1898, llevaría a España a una profunda conmoción que apuntaría a consolidar la autoestima nacional en aquellos momentos históricos en que su presencia extensiva en Europa manifestaba toda su potencia. El Siglo de Oro y el renacimiento arquitectónico fueron los canales donde transitó esta necesaria autoafirmación cultural.

En la Exposición de 1867 España había inaugurado su línea de Pabellones "platerescos" con la obra de Jerónimo de la Dándara es evidente que ante el avance francés en la Exposición de 1900 hizo un cambio de guardia hacia esta nueva perspectiva. España realizó entonces el recordado pabellón neoplateresco diseñado por José Urioste. Estaba también implícita en esta obra la convicción de superar la grave crisis de 1898, buscando reafirmarse en un pasado histórico propio y en la búsqueda de una identidad nacional vinculada a lo castizo. Bien señala Pedro Navascués que hubo una conciencia de revalorización nacionalista en toda España con la ocasión de esta crisis imperial[11], Creemos, sin embargo, que la revalorización de la arquitectura renacentista española era un tema ya instalado desde la edición en Londres hacia 1893 del libro de Prentice sobre el Renacimiento Español[12].

Con esta afirmación se intentaba, a la vez, desmontar la imagen lúdica y frívola del país, fomentada por Francia e Inglaterra, que enfatizaba los tópicos más representativos de una Andalucía repleta de moros, gitanos cantando al son del flamenco, con peinetones, majas y un trasfondo de corridas de toros. María José Bueno describía el contraste de 1900: *"Por desgracia, mientras la delegación española se esforzaba en mostrar un país culto y europeo, los organizadores franceses montaron lo que fue una de las grandes atracciones de la exposición: L'Andalouisie au temps des maures. El arquitecto francés Dernaz diseñó, en un recinto de 5.000 metros situado en el Trocadero, una peculiar Andalucía que comprendía: unas casas de la provincia de Toledo; un trompe-l'oeil de la Alhambra y el Sacromonte; unos barrios tangerinos; una Giralda de Sevilla de 65 metros de altura, dorada en sus cuatro costados y a la que se podía subir en burro; un patio llamado de los Leones, pero que reproducía el de las Doncellas en su primer piso y el de las Muñecas en su segundo, aunque, eso sí, había una fuente con leones; por último, se construyó una pista de torneos donde se celebraron guerras entre moros y cristianos, asaltos a caravanas, cacerías y casamientos gitanos. Animaban el conjunto grupos flamencos y de bailarinas españolas. Como podemos comprobar, el tópico no era tan fácil de desmontar"[13].*

11. NAVASCUÉS PALACIO, Pedro. "Del neoclasicismo al modernismo" en AAVV. *Historia del Arte Hispánico.* Madrid: Alhambra; 1978. t. V. P. 89.

12. PRENTICE, Andrew. *Renaissance architecture and ornament in Spain. A series for examples selected from the purest works executed between the years 1500-1650. Measured and drawn together, with a short descriptive text.* London: Batford; 1893.

13. BUENO, María José. "Arquitectura y nacionalismo. La imagen de España a través de las Exposiciones Universales" en *Fragmentos* 15-16. Madrid, 1989. P. 68-69.

45

La preocupación en España por lograr un "estilo nacional" se perfila en la configuración de grupos de reflexión y debate. Arturo Mélida en su discurso en la Real Academia de Bellas Artes de San Fernando se planteaba la necesidad de superar la dialéctica entre decadencia y regeneración y proponía un nuevo horizonte cultural que se sustentaba en el cenit del imperio español de Carlos V. También Manuel Vega y March en 1901 reclamaba la "Regeneración artística" que concebía desde una expresión nacional que asumiera el estilo de Castilla.

Pensadores como Ángel Ganivet y Miguel de Unamuno tendrían una visión diferenciada de esta nueva apuesta ideológica. Para el granadino Ganivet sería necesario el repliegue cultural para afirmar las tradiciones en el contexto de una cultura decadente por la carencia de ideas rectoras. Postergaba así el debate entre "europeización" y "modernidad" hasta el momento de asentamiento de la propia identidad puesta en crisis por los acontecimientos de 1898. Unamuno, por el contrario, pensaba en una España movilizada por la dinámica europea que, revitalizando su tradición no habría de perder su propia personalidad. Sus textos pioneros "La España moderna" (1895) y "En torno al casticismo" (1902) valoran a la auténtica tradición como algo vivo y vigente. Identificará finalmente el alma del paisaje de Castilla con la esencia perdurable de lo nacional. La valorización de los regionalismos se verifica con claridad el I Salón de Arquitectura realizado en 1911 y no nos puede sorprender que el montañés Leonardo Rucabado y el andaluz Aníbal González confluyan en proponer unas *"Orientaciones para el surgimiento de una arquitectura nacional"*, en el Congreso realizado en San Sebastián en 1915[14]. Ambos veían en esta recuperación de lo platateresco-renacentista, como sucedía con el "Modernismo" de la Renaixensa catalana, la valorización de las formas del trabajo artesanal y las destrezas, uniéndose mentalmente a las líneas planteadas en este campo por William Morris. El efecto de estas propuestas fue la reactivación de pequeños talleres y de grandes fábricas de azulejos, herrerías, vitrales que marcaban un proceso de dinámica reactivación de economías regionales. En el caso andaluz la culminación de esta corriente regionalista se vivió con la Exposición Iberoamericana de Sevilla del año 1929.

Esta vertiente se prolongaría en los Estados Unidos donde justamente regiones enteras que habían pertenecido a México hasta 1848, como California, Florida, Arizona, Nueva México o Texas estaban buscando la construcción de su identidad a partir de sus raíces hispanas. Justamente el "siglo de oro" venía a llenar estas expectativas de una articulación con un pasado que creaba además un imaginario diferenciado respecto de las tradiciones de la "Nueva Inglaterra". También lo haría otra vertiente que se basaría luego de la Exposición de San Diego de 1915 en el "neocolonial" mexicano o en el llamado "mission style" que toma como modelos icónicos a las misiones franciscanas de California[15].

Si bien la Exposición Colombina de Chicago realizada en 1893 dio atisbos de esta vertiente con el Pabellón de California que mezclaba eclécticamente fragmentos de las 21 misiones californianas, también la réplica del Convento de Santa María de La Rábida facilitó un imaginario andaluz. Una de las obras claves en este proceso fue la realización de la Estancia San Simeón del magnate William Randolph Hearst, concretada en 1919. Hearst fue uno de los promotores de la compra de arquitectura renacentista en España y en las primeras décadas del siglo XX, miles de contenedores trasladaron a Estados Unidos desde "claustros" conventuales a palacios desarmados en origen e instalados en su nuevo destino. Colecciones de azulejos, herrerías de forja, artesonados de madera, puertas y ventanas renacentistas se integraron a museos norteamericanos o se incorporaron en la construcción de grandes residencias[16].

La "Hispanic Society" fue el vehículo de la difusión de las obras que escribieron los investigadores Mildred Stapley (1875-1941) y Arthur Byne (1883-1935)[17]. Frente al "mission style" se abría entonces el "spanish style" que se centraba en la reutilización de estos elementos originales o en la copia de detalles de los edificios emblemáticos del renacimiento español.

La opción modernista. El Pabellón para Buenos Aires

La movilización originada por un Manifiesto de la Cámara Oficial Española de Comercio, Industria y Navegación conducida en Buenos Aires por el galerista de arte Artal, fue fundamental para que España tuviera en Buenos Aires un Pabellón diferente. Fueron ellos los que obtuvieron del gobierno argentino los 45.000 metros cuadrados (muchos más que cualquiera de los otros países)[18].

14. PÉREZ ESCOLANO, Víctor. *Aníbal González Arquitecto (1876-1929)*. Sevilla: Diputación Provincial; 1973.

15. NEWCOMB, Rexford. *The old missions churches and historic houses of California.* Philadelphia: Lippincot Co.; 1925.

16. AMARAL, Aracy (coord.). *Arquitectura neocolonial. América Latina, Caribe y Estados Unidos.* San Pablo: FCE-Memorial de América Latina; 1994. Véase especialmente el texto de Susana Torre.

17. BYNE, Arthur y STAPLEY, Mildred. *Spanish gardens and patios.* New York: The Architectural Record; 1928. BYNE, Arthur y STAPLEY, Mildred. *Provincial houses in Spain.* New York: H. Helpburn; 1925. BYNE, Arthur y STAPLEY, Mildred. *Decorated wooden ceilings in Spain.* New York: G. P. Putnam's Sons; 1920. BYNE, Arthur- STAPLEY, Mildred. *Rejería of the Spanish Renaissance.* New York: 1914.

18. CAMBA, Francisco y MAS Y PI, Juan. *Los españoles en el Centenario argentino.* Buenos Aires: Imprenta Mestres; 1910.

Los pilares de la entrada al Pabellón Español (CEDODAL)

Fueron justamente los comerciantes los que eligieron el boceto del arquitecto Julián García Núñez a quien ponderan como discípulo de Puig y Cadafalch. Su diseño será muy importante pues por primera vez España juega una carta innovadora que no responde a la tradición historicista sino a la respuesta propia y contemporánea frente a la arquitectura.

Una segunda peculiaridad es que el modernismo catalán testimoniaba en definitiva a una región de España y la convertía en símbolo del conjunto, aunque como hemos señalado había existido una cierta permeabilidad para ello. Una tercera es que el arquitecto fuera un argentino, aunque obviamente formado en Barcelona en los principios de ese modernismo que desplegaba en sus obras para la colectividad.

Dibujo de García Nuñez con la "pista" que configuraba el centro de la actividad social del Pabellón (CEDODAL)

El Pórtico de entrada y el conjunto escultórico que fue agregado posteriormente (CEDODAL)

PABELLONES ESPAÑA — BUENOS AIRES 1910
Grupo de DAOIZ y VELARDE

La adopción del modernismo catalán también estaba expresando para la coyuntura específica de Buenos Aires, los deseos de la colectividad española de definir un perfil moderno y dinámico, a la vez que contestatario ante las predominantes manifestaciones del academicismo y del eclecticismo de ascendencia francesa. Así, en países de fuerte componente migratoria europea, España aparecía como la expresión de una vanguardia en el campo arquitectónico y artístico[19].

La vinculación de García Núñez con la colectividad hispana era fuerte debido no solamente al prestigio de su padre sino también a sus anteriores aportes de diseños para el Hospital Español. Cabe, sin embargo, resaltar la importancia de esta encomienda realizada para representar a España, cuando otros países, como Italia, estaban enviando para construir sus pabellones a arquitectos de prestigio internacional como Gaetano Moretti, quien vino acompañado por sus jóvenes colaboradores Mario Palanti y Francisco Terecio Gianotti que quedaron luego radicados en la Argentina[20]. Francia ya se había hecho presente con la traza de la exposición a cargo de Joseph Bouvard, el urbanista de París que asesoraba sobre las transformaciones de la ciudad de Buenos Aires[21].

García Núñez recurre a un diseño innovador ya que abandona la tradicional solución del gran galpón como contenedor para plantear una serie de volúmenes que definen espacios abiertos con pabellones autónomos aunque articulados. En este sentido -a diferencia de los pabellones de países- el arquitecto crea un ámbito de su propia exhibición como un conjunto de arquitecturas que valorizan los "tiempos" de un recorrido y facilitan la posibilidad de "entrar y salir" que este gran patio o "pista", las pérgolas y el puente ofrecen al visitante.

19. GUTIÉRREZ, Ramón. "Presencia y continuidad de España en la arquitectura rioplatense" en *Hogar y Arquitectura* 97. Madrid, 1971.

20. GUTIÉRREZ, Ramón y otros. *Italianos en la arquitectura argentina.* Buenos Aires: CEDODAL; 2004.

21. GUTIÉRREZ, Ramón. *Evolución histórica de Buenos Aires.* Bogotá: Escala; 1992.

PABELLONES ESPAÑA — BUENOS AIRES 1910
Lago y puente en el Stadium

La "pista" con el laguito y el puente (CEDODAL)

PABELLONES ESPAÑA — BUENOS AIRES 1910
Stadium y Pabellón Industrias

En el primer boceto la pista del "Stadium" se perfilaba como un espacio seco y abierto, pero, una vez realizado, se lo hizo como un solar ajardinado con bancos y kioskos a la usanza tradicional. Sin embargo, el mobiliario de las farolas es significativamente modernista y lo propio puede decirse del gesto de dejar la estructura de hierro a la vista en el puente que permite vadear el denominado "lago", en realidad un piletón que acompaña el sentido festivo del paseo.

El imaginario modernista de los Pabellones viene anunciado desde el ingreso como demuestra la perspectiva a vuelo de pájaro que realiza García Núñez en 1910. Allí puede apreciarse la fuerza compositiva de los elementos escultóricos de pilares, mástiles, banderas y esculturas que determinan el ambiente "lúdico" que predominaba en estas muestras desde las reacciones antiacademicistas de la Exposición de Turín de 1902 y la de Milán de 1906. En ambas muestras italianas los pabellones centrales los realizó el mismo arquitecto Sebastián Locati quien habría luego de construir en Buenos Aires los pabellones de la muestra ferroviaria en esta misma Exposición de 1910[22].

Descartado el tradicional arco de triunfo para el acceso, García Núñez adopta una secuencia de planos de entrada, donde alinea en primer lugar cuatro pilares con esculturas en donde sobresalen los bustos por encima de los pies derechos que ajustan el cuerpo de la estatua. Más atrás, los grandes pilones con su remate alado y coronado y los cuatro pilares más pequeños que, de todos modos, contrastan con la grácil rejería "secession" que deslinda en el plano superior, el acceso efectivo.

22. GUTIÉRREZ, Ramón y otros. *Italianos en la arquitectura argentina. Op. cit.*

Los interiores de algunos de los pabellones distribuidos según el tipo de productos (CEDODAL)

García Núñez estructura, a la vez, un cuerpo volumétrico principal al cual se ingresa por una escalinata y una pequeña puerta central bajo una torre. Este volumen remata en otra serie de cajas superpuestas con terrazas y miradores, ornamentadas con conjuntos escultóricos y un lenguaje claramente identificable con sus simpatías por el secessionismo austríaco. La influencia de Olbricht, Hoffman y Wagner en las propuestas de Julián García Núñez no son menores y pueden ser rastreadas muy especialmente en este conjunto de los Pabellones de España[23]. Esto es interesante porque es evidente que estas fuentes no son en las que abrevó en la Escuela de Arquitectura de Barcelona, toda vez que los trabajos de grado de sus contemporáneos -y el suyo propio de un proyecto para Teatro para Sevilla- evidencian el predominio de un eclecticismo historicista[24].

Los alardes en el manejo de los oficios artesanales adquieren singular relevancia en la realización de esta obra. Las rejas y los arcos de hierro que jalonan la entrada entre los pilares, las yeserías y grupos escultóricos exigen miradas cuidadosas para valorarlos en plenitud. Los paneles de cerámica vidriada y la forja decorativa muestran esta vigencia tan propia del "modernismo". El conjunto escultórico de Daoiz y Velarde que se encuentra en el hemiciclo de ingreso al pórtico no figuraba dibujada en el proyecto original de García Núñez por lo que suponemos fue una decisión externa a su diseño. Puede percibirse una intencionalidad simbólica con la colocación de un tema que se vincula más al heroísmo y a la muerte de los próceres que al espíritu lúdico que acompaña a la concepción general del diseño. La obra del escultor Aniceto Marinas es sin dudas un boceto de la que inaugurara en Segovia ese mismo año 1910 y representa la lucha de los españoles por su independencia luego de la invasión napoleónica. Cabe por lo tanto interpretar que la intencionalidad fue la de asociar a través de la escultura las luchas paralelas de España y Argentina por su independencia, planteándola como una gesta compartida de heroísmos más allá del enfrentamiento histórico de la contienda.

Los interiores de los pabellones nos muestran una preocupación más cercana a un sentido funcionalista antes que "espacialista", dando como resultado una exhibición exigente que carece de los ambientes generosos para tantos productos ultramarinos como pretendían exhibir los casi mil comerciantes que se alinearon tras el montaje. Las cubiertas de los pabellones recurren a las cabriadas de madera, solución simple y económica que asegura amplitud de espacios sin demasiada fragmentación y priorizando el apoyo sobre los muros perimetrales. Los exhibidores de los diversos productos participan festivamente del espíritu modernista, particularmente los dedicados a los licores, mientras que los de los objetos artesanales y los de productos químicos son más tradicionales.

En síntesis, García Núñez jerarquiza la presencia española, creando su propio ámbito espacial, potenciando los rasgos formalistas e identificándolos con una arquitectura de vanguardia que viene a crear una imagen de una España moderna que por primera vez se manifiesta en plenitud en una exposición internacional. Un reconocimiento que debe alcanzar no solamente al arquitecto sino también al país y a los comitentes que fueron capaces de aceptar por primera vez el modernismo catalán como expresión global de una España donde pujaban enfervorizados regionalismos.

De todos modos esto no fue suficiente, poco después España, en ese mismo año 1910, se presentaba en la exposición internacional de Bruselas con un pabellón "neomorisco" que mostraba el juego pendular y la inconsistencia de un ideario claro para crear aquella imprescindible pero, a la vez, esquiva "nueva imagen" del país[25].

23. HAIKO, Meter. *Otto Wagner. Schizzi, progetti e realizzazzioni*. Milán: Jaca Book; 1987. Particularmente la edición de la obra de Wagner de 1906 puede ser una referencia precisa.

24. RAMÓN, Antoní y RODRÍGUEZ, Carmen (ed.). *Escola d'Arquitectura de Barcelona. Documentos y Archivo*. Barcelona: Ediciones UPC; 1996.

25. Parte de este texto fue publicado en nuestro libro *Julián García Núñez. Caminos de Ida y Vuelta*.

El mercado del arte español en Buenos Aires

Dra. Ana María Fernández García
Universidad de Oviedo

En la práctica comercial es imprescindible definir los motivos que mueven al consumidor para gastar su dinero en un bien, ¿por qué se compra un producto? ¿por qué se elige determinada firma? ¿hasta dónde está dispuesto a invertir el comprador? Y si en una correcta estrategia comercial encontrar las claves del consumo es totalmente necesario, en la historia del arte también se revela como un mecanismo eficaz para valorar en su justa medida los móviles del coleccionismo moderno. Porque la historia del coleccionismo es también una historia del gusto y se mueve en el terreno cruzado de la historia económica, la historia de la cultura y la historia social. Y en esas relaciones complejas hay un discurso, o más bien varios discursos que se solapan: el del artista por supuesto, el del comerciante o intermediario, el de la sociedad en general y el de una parte de esa sociedad que invierte y gusta del arte. Cada colección aúna todos estos discursos de tal manera que se convierte en un espacio privado que revela las identidades sociales, y el gusto de una época.

La República Argentina fue desde la última década del siglo XIX hasta los años treinta un mercado singularmente receptivo hacia el arte español. Un mercado que nació de manera espontánea, sin un respaldo gubernamental por parte española hasta 1910 (con la representación en la Exposición Internacional del Centenario); nació de las necesidades suntuarias de una sociedad argentina en el cenit de su "belle époque" económica, basada en la exportación internacional de carne y cuero. La burguesía enriquecida, criolla o inmigrante, se convirtió en cliente de la pintura producida en una España en plena decadencia territorial por la pérdida definitiva de sus últimas colonias, económica merced a la llegada tardía de la industrialización a la península, política y, por ende, cultural. En el panorama del mercado de arte peninsular las cosas no pintaban mejor. Existían importantes centros de enseñanza artística desde la Academia de San Fernando en Madrid hasta los centros oficiales regionales, junto con decenas de liceos, escuelas de artes y oficios y academias privadas. Pero los profesionales que estas instituciones arrojaban al mercado difícilmente podían mantenerse con la escasa inversión artística en el país: el Estado seguía manteniendo una obsoleta política de premios en las Exposiciones Nacionales, la nobleza difícilmente podían mantener el patrimonio heredado de sus ancestros y la burguesía —localizada en las capitales vinculadas a la tímida industrialización- no era ni lo suficientemente numerosa ni económicamente tan solvente como para absorber la producción artística. Además la obra coetánea tenía que competir con el prestigio de las piezas antiguas, arrojadas al mercado por las desamortizaciones y por la disgregación paulatina de las colecciones nobiliarias[1]. Así las cosas, los pintores tuvieron que ensanchar las fronteras hacia un mercado extranjero, bien europeo en las plazas de París —donde ya Fortuny demostró su potencial desde "La Vicaría" en 1870-, Roma, Londres o Berlín. En América, los lugares más propicios fueron Cuba, isla en la que la clientela de origen español seguiría fiel a la obra peninsular incluso después de 1898, Chile, México y de manera muy especial la rica y expansiva capital porteña.

Si no resulta difícil aproximar las causas que obligaron a los pintores españoles a extender su radio comercial fuera de las fronteras de su país, los factores que justifican la llegada de obra extranjera a la República Argentina son menos obvios. El consumo desaforado de objetos suntuarios, tanto en galerías del país como en las periódicas visitas a Europa, por parte de una burguesía enriquecida, criolla o de origen inmigrante, permitió el arribo de centenares de pinturas del viejo continente. Y en ese panorama propicio comenzaron a actuar marchantes y galerías, y se fue tejiendo una tupida red de intercambios comerciales[2].

Dejando al margen ciertos bazares que en la elegante calle Florida exhibían periódicamente cuadros entre artículos de toda índole, la iniciativa en el traslado de obras de arte espa-

1. Un documento que ilustra el declive de la inversión artística en España es el cuestionario sobre el estado del arte realizado a instancias de la Academia de Bellas Artes de San Fernando, con la intención de recoger las causas de la limitación del mercado. Allí se afirma por ejemplo "hay un exceso de producción y falta mercado; a los cuadros que no alcanzan el valor que a su real mérito corresponde, ni siquiera el precio remunerador del capital adelantado y del trabajo; viven la mayoría de los pintores en condiciones de gran limitación de medios y a veces de subsistir de sus pinceles se ven obligados a buscar destinos diversos más o menos relacionados con su profesión, pasando así de la condición de artistas a la de empleados". Archivo de la Real Academia de Bellas Artes de San Fernando. 16-46/1.

2. El comercio de arte entre España y América está tratado en el libro derivado de la Tesis Doctoral leída en 1993 en FERNÁNDEZ GARCÍA, Ana María. *Arte y Emigración. La pintura española en Buenos Aires 1880-1930.* Gijón: Universidad de Oviedo y Universidad de Buenos Aires; 1997. Una visión más amplia se ofrece en FERNÁNDEZ GARCÍA, Ana María. "Pintura española en el cono sur americano desde 1880 hasta 1930" en Von Kügelgen (ed.). *Herencias indígenas, tradiciones europeas y la mirada europea.* Frankfurt: Vervuert; 2002. P. 437-464.

José Artal
Portada del Catálogo del Salón Artal de 1907

Exposición Pinelo en la Sala Philipon et Cie. en 1912

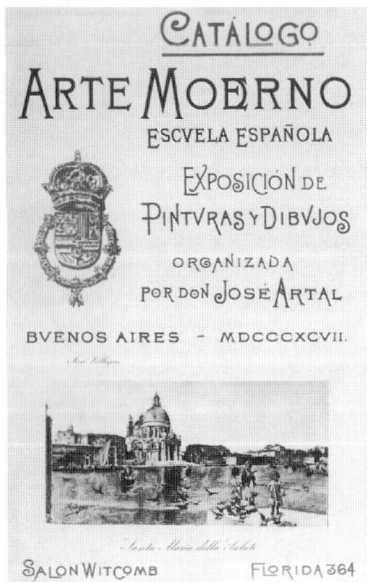

3. FONTBONA, Francesc y SANTA ANA, Florencio. *Los salones Artal. Pintura española en los inicios del siglo XX.* Madrid: Ministerio de Cultura de España; 1995. ARTUNDO, Patricia. "La galería Witcomb" en *Memorias de una galería de arte.* Buenos Aires: Fundación Espigas-Fondo Nacional de las Artes; 2000. P. 25-29.

ñolas a Buenos Aires correspondió al industrial José Artal (1862-1918), que sería miembro influyente de la Cámara de Comercio Española. Él recogió la antorcha de la organización de las llamadas "Exposiciones de Arte Español", que desde 1888, por iniciativa del embajador Juan Durán Cuervo se habían celebrado en los salones de la Cámara de Comercio española en Buenos Aires. Desde 1897 Artal se desvinculó de la institución para inaugurar en el Salón Witcomb los "Salones Artal". Witcomb[3] venía funcionando desde 1892 como taller de fotografía pero con la gestión del encargado, el asturiano Rosendo Martínez, y la labor entusiasta de Artal llegaría a identificarse como la sala por excelencia de la pintura española. Para buscar las obras que nutrían las periódicas exhibiciones colectivas se contó con la colaboración de los artistas Francisco Domingo Marqués en París, José Villegas en Roma y ocasionalmente Joaquín Sorolla en Madrid. Artal se encargaba de la organización de cada muestra, de la venta de obras, de la mediación en el encargo de retratos, la gestión de giras de promoción y la ejecución de piezas a pedido del comitente.

Sin duda tanto Artal como Rosendo Martínez fueron responsables en primera instancia de esa masiva introducción de pintura española en la capital porteña. Los conjuntos exhibidos eran heterogéneos en calidad y técnica, incluso en los géneros. La tónica general era la pintura amable, decorativa, dentro de una "tendencia a lo bonito"[4], sobre todo con temas costumbristas muy del gusto de la colectividad inmigrante que era cliente asiduo de estas exposiciones. Se dejaban de lado los temas serios, la pintura de contenido, como el cuadro "Trata de Blancas" de Sorolla, obra de contenido social que no fue bien recibido por el mercado bonaerense. El marchante buscaba variedad de formatos, para que los lotes se ajustaran a todos los bolsillos. Las piezas no vendidas en una muestra participaban en la siguiente o se reservaba para un mejor momento.

Enseguida el éxito del binomio Artal-Witcomb atrajo a otros intermediarios artísticos. En 1901 organizó su propio salón el pintor José Pinelo (1861-1922), presente en Witcomb, en la sala Costa y en Castillo, establecimiento que había nacido también desde le germen de un laboratorio fotográfico, y en otros salones porteños. Especializado en pintura andaluza —sobre todo de la colonia de paisajistas de Alcalá de Guadaira- y en lotes procedentes de colonia española en Italia (no en vano había permanecido en la capital romana durante cuatro años), Pinelo extendió su actividad hacia Río de Janeiro, Montevideo y Santiago de Chile. Otros marchantes fueron los hermanos Bou, activos desde 1917, igualmente con un carácter itinerante en varias capitales americanas; el propio pintor Eliseo Meifrén que tanto en Buenos Aires como en Montevideo organizaría muestras con obras propias y ajenas, o el gallego Alejandro Pardiñas, comerciante sin escrúpulos que prometía a los compradores supuestas condecoraciones españolas[5].

Interior del Salón Artal de 1898 con el cuadro *Trata de Blancas* de Joaquín Sorolla

En ese ritmo frenético de muestras y en el trasiego constante de mercancías artísticas los centros vinculados a la emigración tampoco permanecieron inactivos. Ya desde fines del ochocientos el Club Español de Buenos Aires se sumó a la organización de exhibiciones en su vestíbulo (la más conocida fue la celebrada en 1898), ejemplo que imitarían pronto el Casal de Catalunya, el Laurat Bat, el Centro Gallego y el Asturiano. Con esos eventos artísticos se satisfacían por una parte las ansias coleccionistas de sus miembros y se iba generando una colección propia de cada institución, que en algunos casos llegó a formar una iconoteca de retratos de sus dirigentes.

La dinámica de la presencia comercial ya está suficientemente analizada, con matices más o menos detallados. Lo que sí parece necesario es articular un discurso que explique el porqué de esa afluencia vertiginosa de pintura española, de ese consumo capaz de absorber cualquier

4. Así describía Artal el gusto del coleccionismo porteño en cartas de 1903 y 1904 citadas por BALDASARRE, María Isabel. "Terreno de debate y mercado para el arte español contemporáneo: Buenos Aires en los inicios del siglo XX" en Aznar, Y. y Wechsler, D. B. (comp.). *La memoria compartida. España y la Argentina en la construcción de un imaginario cultural (1898-1950)*. Buenos Aires: Paidós; 2005. P. 114.

5. En 1927 el Embajador de España en la República Argentina se quejaba de los métodos de Pardiñas en una carta remitida al Presidente del Consejo de Ministros. Archivo General de la Administración. Alcalá de Henares. A. E., Caja 9207.

Orillas del Guadaira de José Pinelo Llull, 1908 (Museo Nacional de Bellas Artes, Buenos Aires). Portada de la IV Exposición de Pintura Española de Pinelo en el Salón Castillo

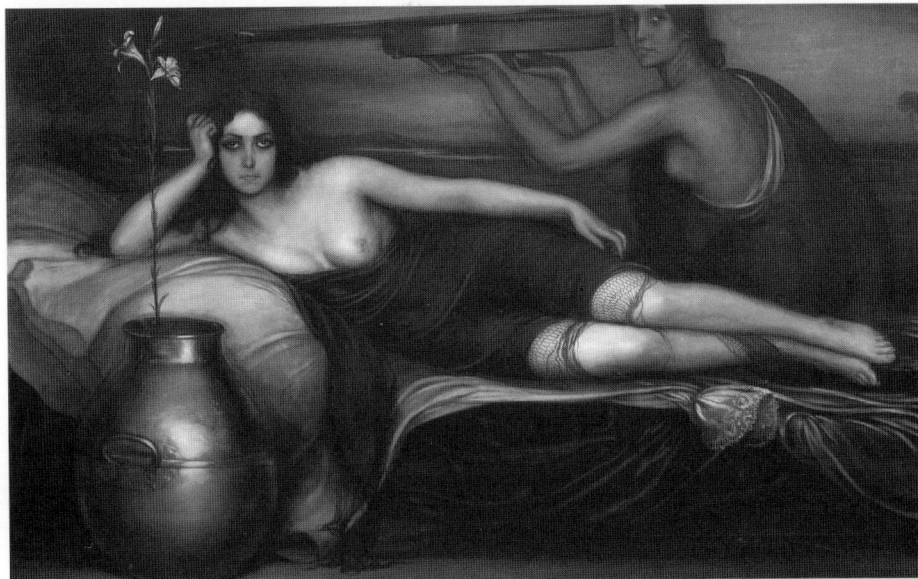

Muxidora de Julio Romero de Torres, c. 1922 (Museo Nacional de Bellas Artes, Buenos Aires)

6. El tema del hispanismo en el nacionalismo argentino y en su cultura artística está tratado extensamente en GUTIÉRREZ VIÑUALES, Rodrigo. *La pintura argentina. Identidad nacional e hispanismo (1900-1930)*. Granada: Universidad de Granada; 2003.

7. Aunque después del Centenario siguieron celebrándose muestras colectivas, el mercado mostró progresivo hastío hacia el variopinto panorama de esas exposiciones, y fueron aumentando las individuales con una selección de piezas de calidad. En 1922 un periodista valoraba así la última aparición de Justo Bou en Witcomb: "… Nunca han podido dejar sus exposiciones una impresión de mayor pobreza (…) No hablemos ya de los cuadros de relleno, de esas telitas características de los paisajes de pandereta que ciertos importadores se empeñan en traernos (…) No hablemos tampoco de esas viejas cosas de José Benlliure, de Ricardo Madrazo, de Francisco Pradilla, que todos traen" en *La Nación*, Buenos Aires, 16 de mayo 1922. P. 4.

8. EVERS, H-D. *The moral economy of Trade: ethicity and Developing Markets.* Londres: Routledge; 1994.

9. ALBUERNE, José. *Pinacoteca del Señor Don Juan G. Molina.* Buenos Aires: Imprenta Reinaldo Roetzler; 1928.

10. "Aquí me aseguran que las fortunas más fuertes de Buenos Aires son de Montañeses, Vascongados y Asturianos. Como yo tengo montones de cuadros de Vizcaya y Guipúzcoa me dicen que yo haría buen negocio enviando mis lienzos a Buenos Aires". Carta de Regoyos a Unamuno del 15 de diciembre de 1905, citado por FERNÁNDEZ AVELLO, Manuel. *Pintores Asturianos* 2. Oviedo: Banco Herrero; 1972. P. 778-79.

firma, cualquier factura y formato. Porque en todas las muestras las piezas de calidad y firmas reputadas convivían con obritas menores, del mismo modo que apuntes o bocetos tenían el mismo hueco que óleos bien acabados. Las explicaciones a este fenómeno, que no tuvo precedentes ni en la etapa virreinal, son poliédricas. Por una parte hay que tener en cuenta el alto poder adquisitivo de la burguesía argentina, que le capacitó para interesarse por bienes superfluos como el arte. Además el auge de este comercio coincide con un momento de recuperación intelectual de lo hispánico, tras casi un siglo de ostracismo absoluto de aquello que sonase a español[6]. Desde *La Gloria de Don Ramiro* de Enrique Larreta hasta las colaboraciones en los diarios porteños de Unamuno o de Pérez de Ayala, pasando por la hegemonía de los estados americanos en lo español defendida por Manuel Ugarte hasta *La Restauración Nacionalista* de Ricardo Rojas o *El Solar de la Raza* de Gálvez, los intelectuales argentinos —en una línea muy próxima a la del noventaiochismo español- buscaron una regeneración cultural, liberada del fracasado cosmopolitismo donde las raíces nacionales estarían en lo hispánico y en la tradición precolombina y criolla. La presión de la intelectualidad argentina se sumó a la más directa y cotidiana de los flujos de inmigrantes peninsulares establecidos en aluvión en la República Argentina desde las últimas décadas del siglo XIX.

Por uno u otro motivo, o por varios de ellos en conjunción, lo cierto es que la clientela de la pintura española, exhibida en muestras colectivas hasta la Exposición Internacional del Centenario en 1910 y posteriormente más tendente a las exhibiciones individuales[7], procedía tanto del sector de la burguesía criolla como del inmigrante. De la segunda no caben dudas sobre su motivación, pues para un español enriquecido el hecho de adquirir piezas de compatriotas, con temas —paisajes, escenas de costumbres o taubletines ambientados en el Siglo de Oro- que podían serle familiares, no hacía más que reforzar su oriundez y su identidad nacional. Una clientela española, unas galerías relacionadas con españoles, y unos marchantes procedentes del país vinieron a configurar lo que podría definirse como un "mercado étnico", un término usado por los economistas para retratar a aquél que se mueve en la compra y en la venta con compatriotas porque las mercancías son susceptibles de ser apreciadas en mayor medida en ese círculo de procedencia nacional[8]. Un ejemplo destacado de esta modalidad coleccionista sería la del español Juan Gregorio Molina quien hacia 1928 había conseguido un acervo pictórico de casi trescientas obras predominantemente españolas con los mejores nombres del panorama del momento[9]. Incluso los propios pintores reconocían que gracias a la colectividad peninsular en Buenos Aires podrían encontrar salida comercial a sus lienzos, como confiaba en una de sus cartas Darío de Regoyos[10].

Paralelamente los sectores más destacados de la sociedad criolla argentina, aquellos que frecuentaban los ambientes parisinos, se encontraron con la moda de lo español que desde la llegada a Francia de los saqueos de Soult en península, la apertura del Museo Español Luis Felipe, la fascinación romántica por el país exótico de las majas y los bandoleros y, sobre todo, el éxito de

Los días del abuelo de Salvador Sánchez Barbudo, 1894 (Museo Nacional de Bellas Artes, Buenos Aires)

Fortuny, llenaba buena parte de las galerías de la capital del Sena. El caso más revelador es el de la colección Guerrico[11], pues los cuadros de Ulpiano Checa, Mariano Fortuny, Pérez Villamil o Emilio Sala proceden de las salas de Joseph Spiridon, de Adolphe Goupil o de los Salones parisinos. De esa manera la galolatría criolla, que había venido definiendo la identidad de las elites argentinas desde la independencia, les condujo curiosamente a valorar la pintura española, que encontraban por doquier en subastas, salones y comercios.

Tomando como ejemplo a esas fortunas cosmopolitas que convirtieron a Buenos Aires en una sucursal del gusto artístico de París, e indirectamente de España, se generó un verdadero "mercado de imitación" en la sociedad porteña que no tenía posibilidades monetarias de viajar a Europa pero que, como sucede muchas veces en el mercadeo de objetos suntuarios, copiaba las costumbres de los individuos más destacados, los que lideraban la vida económica, el devenir polí-

11. OLIVEIRA CÉZAR, Lucrecia. *Los Guerrico*. Buenos Aires: Instituto Bonaerense de Numismática y Antigüedades; 1988.

Odalisca de Mariano Fortuny, c. 1865. Adquirido en París en 1889 por Guerrico (Museo Nacional de Bellas Artes, Buenos Aires) y *Judío a la ventana* de Emilio Sala, 1889. Comprado en París por Guerrico (Museo Nacional de Bellas Artes, Buenos Aires)

Portada de la Exposición de Arte Español Contemporáneo de 1947 con el retrato de Fermín Arango realizado por Ignacio Zuloaga; y *Mujer en el jardín* de Raimundo de Madrazo (Colección Masaveu, Museo de Bellas Artes, Asturias). Procede del mercado bonaerense

tico y se tomaban como referente en cierto modo de vida. Y en este punto la responsabilidad de dar a conocer esos modos coleccionistas recayó en las publicaciones periódicas que insistentemente recorrían los hogares de los oligarcas bonaerenses dando cuenta de su excelente gusto y su sensibilidad artística, a la par que reseñaban detalladamente las inauguraciones y contenidos de las muestras de arte. Revistas porteñas como *La Ilustración Sud-Americana*, *Plus Ultra*, *Caras y Caretas*, y *La Ilustración Artística* desde Barcelona —con su corresponsal Justo Solsona-, y los diarios argentinos *El Correo Español* y en menor medida *La Nación* daban a conocer la riqueza de tales acervos, y creaban un marco de opinión favorable para la pintura española y para sus clientes.

Porque con rapidez extraordinaria en Buenos Aires se formaron unos acervos que llegaron a formar auténticas colecciones[12], donde el arte español encontraba una vía de escape a la falta de inversión artística de la península. Un coleccionismo que se mantuvo fiel durante años a unas pautas estilísticas donde triunfaba el casacón —trivialización de la pintura de historia, estereotipando lo popular con un sentido eminente comercial en los que Carmen Gracia ha denominado como "high class painting"[13]-, la escena de costumbres de la pintura regionalista, el paisaje y el retrato, y donde se obviaban las tendencias más modernas que desde 1905 bullían en Europa. Hasta después de 1930 no entró en Buenos Aires el gran pincel del siglo XX, Pablo Ruiz Picasso, que aunque en los primeros años de la centuria se incluyó en las Exposiciones de Pintura Catalana organizadas por Eliseo Meifrén y el industrial catalán Juan Canter en Witcomb, su presencia no tuvo ninguna trascendencia[14].

A partir de los treinta ya nada en el mercado de arte de Buenos Aires fue igual para la pintura española, aún cuando el Gobierno peninsular intentase revitalizar los intercambios anteriores con la muestra organizada por Fernando Álvarez de Sotomayor en 1947 bajo el auspicio de la Dirección General de Bellas Artes. Y en las últimas décadas del siglo XX —ironías de la historia- muchos de aquellos cuadros que viajaron en lotes por el Atlántico para engrosar las exposiciones de Artal, Pinelo o cualquier otro marchante, han regresado a Europa y sobre todo a España, formando parte de colecciones privadas, como la de la familia Masaveu, o institucionales. Un viaje de regreso justificado por las crisis argentinas, un vaivén transoceánico del arte que de nuevo viene a ilustrar la dependencia de cada coyuntura económica del coleccionismo.

12. Un repaso exhaustivo al coleccionismo de arte en Argentina se ofrece en GUTIÉRREZ VIÑUALES, Rodrigo. "Consideraciones sobre el coleccionismo de arte en la Argentina de principios de siglo" en *Goya* 273, Madrid: Fundación Lázaro Galdiano; noviembre-diciembre 1999. P. 353-361.

13. GRACIA, Carmen. "Francisco Domingo y el mercado de la High Class Painting" en *Fragmentos* 15-16, Madrid: Ministerio de Cultura; 1989. P. 132-139.

14. PALOMAR, Francisco A. "De nuestro pasado artístico" en *La Nación*. Buenos Aires; 19 de noviembre de 1961. P. 6.

Pintores y dibujantes españoles en la Argentina

Dr. Rodrigo Gutiérrez Viñuales
Universidad de Granada

Notas sobre algunos pintores españoles radicados en la Argentina

Como se viene expresando en varios de los capítulos del presente libro, el gusto creciente por lo español en el ámbito de la cultura y específicamente en el terreno de las artes plásticas en los años próximos al Centenario, fue determinante. En lo que respecta al coleccionismo de arte, sin olvidar el interés de mecenas como José Prudencio Guerrico, retratado por Federico de Madrazo y poseedor de un amplio conjunto de obras de Jenaro Pérez de Villaamil adquiridas en torno a mediados del XIX, a finales de la centuria comenzó a manifestarse un marcado interés por el arte español en Buenos Aires. En 1897 el marchante de arte español José Artal, y poco después un compatriota suyo, José Pinelo, comenzaron a llevar y exhibir allí lotes de pinturas de artistas españoles del momento, viendo con sorpresa que muchas de esas obras lucían el cartel de "vendido" casi al momento de inaugurar dichas muestras[1].

Esta inesperada muestra de interés por parte de los coleccionistas argentinos, reacios aun a adquirir sistemáticamente obras de autores locales, abrió para el arte español un mercado que fue decisivo para que muchos artistas, inclusive de segunda y tercera línea (a veces dicho esto con generosidad), pudieran vivir de sus producciones. Pintores como Salvador Sánchez Barbudo, de discutida valía en su propio país, gozaron de una fama inédita en tierras americanas. A la vez, artistas de reconocido prestigio, como el propio Joaquín Sorolla, vendían sus obras menores y a veces hasta sus bocetos, como si se tratase de obras maestras. Otros, como su seguidor Julio Vila y Prades, quien acompañó personalmente su muestra en Buenos Aires en 1905, visto el éxito conseguido en la capital argentina y los encargos de que fueron objeto, decidieron radicarse en el país temporal o en forma definitiva; éste fue el caso de Gustavo Bacarisas, José de Larrocha, Ernesto Valls, Miguel Viladrich, Anselmo Miguel Nieto o Antonio Ortiz Echagüe.

Julio Vila y Prades[2] se radicaría en 1907, dando continuidad a sus temáticas de playas valencianas bajo el signo de Sorolla, como así también a los retratos por encargo de adineradas familias argentinas como los Santamarina, y paisajes del país de acogida. Formaron parte de su círculo los Diehl y el pintor Aníbal Nocetti, quien lustros más tarde se establecería en Mallorca. Realizaría Vila y Prades decoraciones murales y plafones para el Tigre Club, y el plafón para la Casa de Gobierno de Tucumán con una alegoría sobre la Independencia argentina. A pesar de su retorno definitivo a Europa en 1914, el año de la guerra, el artista seguiría en contacto con la Argentina, realizando periódicos viajes y ejecutando otras obras por encargo, como sus pinturas para el pabellón argentino de la Exposición de San Francisco de 1915.

Para entonces se hallaban ya en el país los andaluces Gustavo Bacarisas[3] y José de Larrocha[4], este llegado justamente en ese año. Larrocha alcanzó pronto éxito con sus exposiciones de temas granadinos y con la realización de retratos de damas de la sociedad porteña, y continuó pintando escenas de su Granada natal, alternando con paisajes de la provincia de Buenos Aires y escenas portuarias con reminiscencias del popular pintor del barrio de la Boca, Benito Quinquela Martín. En cuanto a Bacarisas, permaneció en Buenos Aires entre 1910 y 1913, cuando regresó a Sevilla. En el año de su arribo realizó una exitosa exposición con obras producidas tanto en Europa como algunas ya de temática argentina, inclusive un grupo de escenas de Tánger, dentro de la línea orientalista que tan cara era al gusto de los coleccionistas. En 1911 ejerció como profesor en la Academia Nacional de Bellas Artes, en los géneros del paisaje y el retrato. Su mayor vinculación artística a la Argentina la supondrán los lienzos murales para la capilla del pabellón argentino en la Exposición Iberoamericana de Sevilla en 1929, evento para el que también realizaría el cartel principal. Esas obras, que aun se conservan en perfecto estado en su ubicación original, fueron encargadas por el arquitecto Martín Noel, autor del pabellón.

1. El mercado de arte español en la Argentina fue estudiado por Ana María Fernández García en *Arte y emigración. La pintura española en Buenos Aires (1880-1930)*, Oviedo, Universidad, 1997, y referido asimismo por Ramón García-Rama en "Historia de una emigración artística", en *Otros emigrantes. Pintura española del Museo Nacional de Bellas Artes de Buenos Aires* (Catálogo de la Exposición). Madrid: Caja de Madrid, Sala de las Alhajas; noviembre de 1994-febrero de 1995. P. 17-45.

2. *Julio Vila y Prades, 1873-1930*. Madrid: Ministerio de Educación y Ciencia; 1974.

3. CASTRO LUNA, Manuel. *Gustavo Bacarisas (1872-1971)*. Sevilla: Diputación de Sevilla; 2005.

4. *José de Larrocha, maestro de pintores. Granada, 1850 - Buenos Aires, 1933.* Granada: Ayuntamiento; 1992.

Julio Vila y Prades. *Retrato de dama* (Buenos Aires, 1905). Óleo sobre lienzo, 138 x 129 cm. Colección particular

5. *Miguel Viladrich (1887-1956).*
Exposición retrospectiva. Buenos Aires:
Blanco de Andrés & Asociados; 1999

6. BRASAS EGIDO, José Carlos.
Anselmo Miguel Nieto. Vida y pintura.
Valladolid: Instituto Cultural Simancas;
1980.

7. FORNELLS ANGELATS, Montserrat
(coord.). *Antonio Ortiz Echagüe (1883-1942).* Madrid: Centro Cultural Conde
Duque; 1991.

En 1916 arribó a la Argentina el pintor valenciano Ernesto Valls, tenido en su momento como uno de los discípulos más aventajados de Joaquín Sorolla. A partir de 1911, tras realizar su primera exposición individual en el Círculo de Bellas Artes de Valencia, alcanzaría éxito con sucesivas presentaciones, destacando la muestra de 150 obras en el Salón Fayans Catalá, en 1912, año en que lograría mención honorífica en la Exposición Nacional de Madrid. Al año siguiente exhibirá en el prestigioso Salón Parés de Barcelona y en el Salón Mascarini de São Paulo (Brasil). En los primeros meses de 1916 lo encontraremos en Estados Unidos, donde realizará dos exposiciones, sobresaliendo la que lleva a cabo en la célebre Arlington Galleries, en Manhattan, Nueva York, con la que obtendrá gran suceso de público y críticas. De ahí saldrá en barco hacia Buenos Aires, trayecto en el cual vivirá un fugaz romance con la bailarina Isadora Duncan. En el mes de agosto expuso 73 obras en el Salón Costa, y al mes siguiente se casará con Dolores Chacón, decidiendo su radicación en la localidad bonaerense de San Vicente. Hasta ese momento su obra destaca por escenas valencianas, y, entre ellas, las captadas en la Playa de la Malvarrosa, las romerías y las huertas de naranjos, todos temas que le acercan a la producción de su maestro Sorolla, cuya luminosidad quedaría impregnada en sus cuadros. Inclusive en los que seguirá pintando una vez radicado en la Argentina, donde paisajes de los alrededores de San Vicente, retratos femeninos y ambientes campestres serán la nota saliente, sin desdeñar sus antiguas temáticas valencianas, en un claro ejercicio de nostalgia y a sabiendas del éxito que aun tenían en el mercado de arte porteño.

La llegada de otros artistas como Miguel Viladrich[5], Anselmo Miguel Nieto[6] y Antonio Ortiz Echagüe[7], se producirá más tardíamente. Viladrich, uno de los principales pintores simbolistas catalanes, se radicaría en Argentina y Uruguay, con periódicos viajes a Europa, entre 1919 y 1925.

Gustavo Bacarisas. *Escena norteña* (1929). Óleo sobre lienzo, 58,5 x 101 cm. Estudio previo para uno de los murales del Pabellón argentino de la Exposición Iberoamericana de Sevilla. Colección particular

Cuando la guerra civil española, exiliado, retornará a la Argentina, falleciendo en Buenos Aires en 1956. Durante esa nueva etapa se dedicaría a temáticas argentinas, paisajísticas y costumbristas, siempre marcado por aquella veta simbolista. En el caso de Miguel Nieto, su arribo a Buenos Aires se producirá en 1922 junto al cordobés Julio Romero de Torres para exponer en Witcomb, exposición que les deparará a ambos el mayor éxito de ventas de sus carreras hasta entonces. A partir de allí estará apoyado por los hermanos Bou, marchantes de arte español que continuaron la labor de difusión y ventas que habían consolidado anteriormente José Artal y José Pinelo entre otros. Miguel Nieto se instalará en Buenos Aires por un lapso de casi dos años, siendo contratado por varias familias de renombre para ejecutar retratos familiares. Retornaría a la Argentina en 1937 estableciéndose durante tres años, pasando luego a Chile donde estará seis. En cuanto a Ortiz Echagüe, que alcanzó renombre dentro de la pintura regionalista española y también por escenas y retratos ejecutados en Marruecos, tuvo una primera radicación en la Argentina entre 1923 y 1926, instalándose de forma definitiva en 1933. Hasta su muerte, producida en 1942, vivirá y trabajará en la estancia La Holanda, en la provincia de La Pampa, donde pintará paisajes y escenas costumbristas argentinas, además de dedicarse al retrato.

Ernesto Valls. *Mateando* (1918). Óleo sobre lienzo, 100 x 150 cm. Museo Cultural Sanvicentino-ACESVIC, San Vicente (Buenos Aires)

Miguel Viladrich. *La parejita, Catamarca* (1940). Óleo sobre lienzo, 79 x 99 cm. Colección particular

Dibujantes y humoristas españoles en el arte argentino

En las últimas décadas del siglo XIX y en las primeras de nuestra centuria, arribaron a la Argentina numerosos dibujantes y caricaturistas europeos, entre los cuales sobresalieron con notoriedad los españoles. Dedicados, entre otras numerosas actividades, a publicar e ilustrar los semanarios de actualidad con mayor prédica en el país y a organizar los primeros salones de dibujantes y humoristas en Buenos Aires, estos artistas realizaron una extensa labor, la que, a nuestro juicio, merece un profundo estudio por parte de los historiadores del arte argentinos y españoles, haciendo honor a la sentencia de José Francés de que "La historia de la caricatura española del siglo XIX tiene uno de sus capítulos más importantes en la Argentina"[8].

En la década del noventa se comenzó a publicar en Buenos Aires *Caras y Caretas*, inspirada claramente en la revista madrileña *Blanco y Negro*. *Caras y Caretas*, cuya aparición semanal venía dándose desde 1890 en Montevideo bajo la dirección del humorista Eustaquio Pellicer, decidió su traslado a Buenos Aires tras desaparecer *Don Quijote*. Con Pellicer colaboraron en Buenos Aires Mayol y Cao -quien también tuvo revista propia, *El Cid Campeador*, además de dibujar para *Arlequín*-, agregándose el argentino José S. Álvarez, más conocido como "Fray Mocho", cuyo seudónimo alcanzaría gran trascendencia pocos años después con la aparición de la difundida revista que llevó ese título[9]. Entre estos dibujantes hubo colaboraciones conjuntas; podemos citar los dibujos ejecutados por Cao con temas pamperos para ilustrar un cuento de Fray Mocho titulado *"Fraternidad criollo-española. Episodio Nacional Argentino"*[10].

Diseñadores también de *Caras y Caretas* fueron el uruguayo Aurelio Giménez, los españoles Cándido Villalobos y Francisco Redondo -autor de la primera tira cómica publicada en la Argentina- y el italiano Mario Zavattaro, gran intérprete del gaucho nacional. Cao, al igual que otros dibujantes destacados, se separó de la revista en 1912; el año anterior había ingresado el ovetense Nicanor Álvarez Díaz conocido popularmente como Alejandro Sirio[11]. Cao aparecerá nuevamente trabajando en el renovador diario *Crítica* junto a Perico Rojas y al muy popular Diógenes Taborda.

8. FRANCÉS, José. *El mundo ríe. La caricatura universal en 1920*. Madrid: Renacimiento S.A.; 1921. P. 125.

9. Sospechamos que al instituirse Álvarez el seudónimo de "Fray Mocho" lo hizo en homenaje a los españoles "Fray Gerundio", de la España liberal de principios del XIX, y "Fray Liberto", conocido protagonista del periódico *El Cencerro*.

10. *La Ilustración Artística* 992. Barcelona, t. XX, 31 de diciembre de 1900. P. 18-20.

11. Quien habría de contraer matrimonio en 1932 con la también artista Carlota Stein, hija del recordado dibujante y director de *El Mosquito*, Enrique Stein.

Antonio Ortiz Echagüe. *Mi hijo en la estancia* (La Pampa) (1939). Óleo sobre lienzo, 198 x 149 cm.
Museo Atelier Antonio Ortiz Echagüe, Estancia "La Holanda" (La Pampa)

De esta época data también el ingreso del gallego Juan Carlos Alonso -quien habría de llegar a ser director de la revista y también de la llamada *Plus Ultra*- y del peruano Julio Málaga Grenet. Se incorporaron asimismo los jóvenes porteños Ramón Columba -después trabajará en *La Nota*, logrando luego publicar revista propia- y Juan Carlos Huergo, Eduardo Álvarez, el boliviano Víctor Valdivia y los españoles Federico Ribas y Luis Macaya, gallego y catalán respectivamente.

El asturiano Alejandro Sirio había llegado a Buenos Aires en 1910, pasando a colaborar al año siguiente, y hasta 1924, en *Caras y Caretas*, de donde decidió salir por desavenencias con los responsables. En ese año fue contratado por el diario *La Nación* donde tuvo a su cargo la dirección artística del suplemento de los domingos. Gustaba de hacer *"escenas callejeras con sus aglomeraciones, accidentes... las notas portuarias en las que el principal protagonista es, con frecuencia, el inmigrante... Ha sido allí donde encontró... la mejor fuente para desparramar su buen humor e ironía"*[12]. Probablemente el trabajo más importante realizado por Sirio fueron las ilustraciones para el libro *La Gloria de Don Ramiro* de Enrique Larreta, tarea que le demandó tres años y medio[13].

En lo que al citado Juan Carlos Alonso respecta, emigró a la Argentina hacia 1898 sin tener al momento formación artística. Como ilustrador, Alonso tuvo tanto en *Caras y Caretas* como a partir de 1916 en *Plus Ultra*, los espacios ideales para dar rienda suelta a su creatividad. Su creciente prestigio tuvo un hito ineludible con la celebración de su primera exposición individual en Buenos Aires, llevada a cabo en el Salón Witcomb -que por otra parte habría de ser el espacio que albergara sus muestras en adelante- en agosto de 1917. Entre las obras presentadas a la sazón, destacaban los gouaches, muchos de ellos ya familiares al público dada su publicación en las páginas de *Plus Ultra*. *El paseo de Florida*, *Rascacielos*, *Baile de máscaras*, *Los viejos* o *Tarde de otoño* testimoniaban su interés por la nota de actualidad, mientras otros como *A la salida del Tedéum* o *La serenata* anticipaban al pintor de temáticas históricas, en especial el de los temas románticos del XIX argentino, con los cuales alcanzaría el reconocimiento como pintor durante los años veinte y treinta[14].

12. LOZANO MOUJAN, José María. *Figuras del arte argentino*. Buenos Aires: A. García Santos; 1928. P. 166.

13. La importancia de la misma queda reflejada en estudios posteriores entre los que podemos señalar: HERRERA MAC LEAN, Carlos A. "El Sentimiento de la Arquitectura en los Dibujos de Alejandro Sirio" en *Ars. Revista de Arte*, Buenos Aires; y BERENGUER CARISOMO, Arturo. "A los sesenta años de una edición memorable" en *Bellas Artes* 39. Madrid: año VI, enero de 1975.

14. GUTIÉRREZ VIÑUALES, Rodrigo. "Arte y emigración. Juan Carlos Alonso (1886-1945), un artista gallego en la Argentina" en *XIII Congreso Nacional del CEHA* (Comité Español de Historia del Arte), Granada, 31 de octubre al 3 de noviembre de 2000, vol. II. P. 759-771.

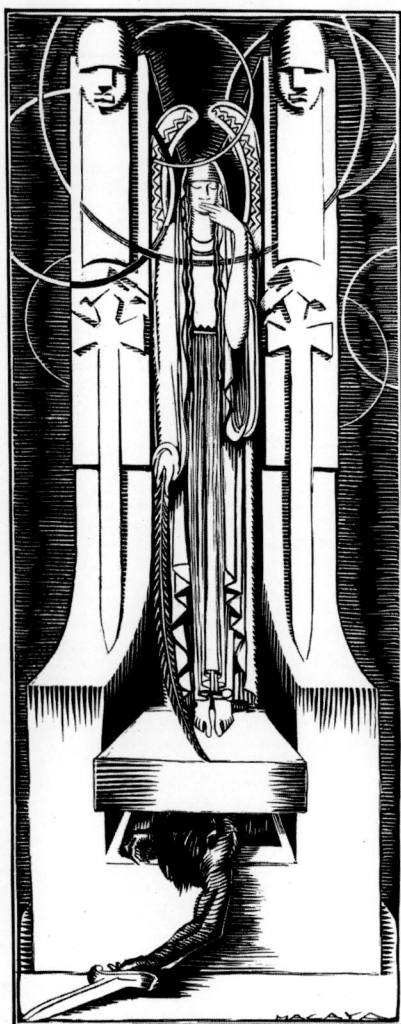

Izq.: Luis Macaya. Ilustración para el poema *Loa del soldado desconocido*, de Juan Carlos Bernárdez. Publicado en la revista *Plus Ultra*, en Buenos Aires

Der.: Alejandro Sirio. *Orando ante la iglesia*

En lo que atañe específicamente al humorismo, el primer salón llevado a cabo en la Argentina fue el organizado en mayo de 1896, en el Salón del Bon Marché, por *La Colmena Artística*, al que sucedieron otros como el organizado por el escultor italiano Ettore Ximenes (autor del mausoleo de Manuel Belgrano) en el Círculo Italiano, en 1902. No obstante este incipiente interés por las exposiciones de humoristas, no alcanzaron estas a tener en la Argentina una continuidad como sí se logró en España a partir de 1907[15] con la organización del Primer Salón de Caricaturistas de Madrid en el Salón Iturrioz. Promovido por la revista *Por el Arte*, tomaron parte de la muestra recordados artistas como José Gutiérrez Solana con siete trabajos y Eduardo Sojo ("Demócrito"), pionero de la caricatura política argentina, con las obras *"En el Museo"*, *"Bailarina"* y *"Opera"*[16]. *"Pero aún contando con este valioso precedente, el verdadero promotor de la difusión y valoración del humorismo y la caricatura en España va a ser el escritor y crítico de arte José Francés, organizador de los salones de humoristas que anualmente, desde 1914, reunieron las firmas más significativas de la producción española en este género"*[17].

Barcelona, por su parte, había dedicado a la caricatura una sección especial en su Exposición Internacional de Bellas Artes de 1907, creando su Primer Salón de Humoristas en 1916, acontecimiento organizado por el caricaturista Juan Grau Miró y celebrado en la Sala Mozart, y en el que José Francés dictó una conferencia sobre la caricatura[18].

Finalizada la Primera Guerra, el arte del "humorismo", tras los años de *"sufrimientos"* y *"horrores"*, manifestó cierta decadencia que habría de repercutir en diferentes centros europeos, tal el caso de París. *"La última Exposición celebrada en el "Salón de Humoristas"* -escribió Joaquín Pera en julio de 1922-, *y en cuyas paredes se exponen las obras de las más autorizadas firmas francesas nos ha dado una idea de la crisis interna que sufre... El arte Humorista en Francia se tambalea precisamente por falta de ideal"*[19].

En Madrid comenzaron también a sumarse las objeciones al Salón de Humoristas que promovía José Francés. *"En el Palacio de cristal del Retiro se ha celebrado este año la Exposición que el literato señor Francés celebra anualmente con los que él llama humoristas, y que, nosotros llamaríamos "Exposición de muestras de toda clase de intentos artísticos"; tal es el batiburrillo de estas Exposiciones, pues en ellas se exponen muñecos de cartón y trapo, dibujos decorativos, dibujos del natural, bocetos para retratos y para cuadros, aguafuertes, esculturas, ilustraciones, muchas imitaciones y muchos y malos plagios de muchas y buenas obras reproducidas en revistas extranjeras; a todo esto el señor Francés llama "Salón de humoristas"; verdaderamente el único humorista resulta ser el organizador"*[20].

Contemporáneamente, y en buena medida al margen de la señalada decadencia del humorismo en los países europeos, en la Argentina, a partir de 1923 se dio inicio a la realización anual de un Salón de Humoristas -ya habían existido intentos como los de 1917 y 1918, organizados por los caricaturistas y dibujantes Ramón Columba y Pelele-, aunque su repercusión fue limitada con respecto a los otros certámenes más tradicionales como el Salón Nacional, el Salón de la Sociedad de Acuarelistas o el ya consolidado Salón de Otoño de la ciudad de Rosario (Santa Fe), que siguieron a la cabeza en cuanto a la consideración del público de arte en la Argentina.

15. ..."*Con unos meses de retraso, después de le Salón des artistes humoristes, de París y después de la Exposición celebrada en Berlín por los artistas secesionistas alemanes...*". (*Heraldo de Madrid*, Madrid, 15 de octubre de 1907).

16. Ver: "Primer Salón de Caricaturas de Madrid" en *Por el Arte* 10. Madrid, año I. P. 147-156; CARRETERO, Manuel. "La risa triunfante. El Primer Salón de Caricaturas de Madrid" en *La Ilustración Artística* 1348. Barcelona, t. XXVI, 28 de octubre de 1907. P. 710-711.

17. BAZAN DE HUERTA, Moisés. "Humorismo y caricatura en la escultura española de la primera mitad del siglo XX" en *Norba Arte*. Cáceres: Universidad de Extremadura, t. IX, 1989. P. 205.

18. "Barcelona. Primer Salón de Humoristas" en *La Ilustración Artística* 1780. Barcelona: t. XXXV, 7 de febrero de 1916. P. 95.

19. PERA, Joaquín. "Crónica de París. La decadencia del arte Humorista en Francia" en *Revista de Bellas Artes* 9. Madrid: año II, julio de 1922. P. 20.

20. "Salón de Humoristas" en *Revista de Bellas Artes* 19. Madrid, año III, mayo de 1923.

Vicente Blasco Ibáñez y su gira por la Argentina y países vecinos

Lic. Elisa Radovanovic
CONICET, CEDODAL

> *"¡Argentina!... Este nombre hace vibrar nuevamente mis tímpanos como si miles de campanillas de plata pendientes de los picudos techos superpuestos de un templo indostánico poblasen el espacio de misteriosas y vagas sinfonías"* [1].

Antes de su arribo a nuestro país, resonaban en Blasco Ibáñez los nombres de Buenos Aires y de la chilena Valparaíso, como misteriosas evocaciones de un mundo nuevo. Lo animaba el propósito de escribir un libro sobre la Argentina y dar una serie de conferencias. Desde fines de 1906, se hallaba ligado a esta tierra como corresponsal del diario *La Nación* en Madrid[2]. Cabe recordar que en ese tiempo se desempeñaban como colaboradores de este periódico, entre otros cronistas, Miguel de Unamuno, Ernesto García Lavedese, Jack la Bolina, Remy de Gourmont y Rubén Darío. Como director y propietario de *El Pueblo* de Valencia, había ejercido una acción militante, a la vez que expresado sus ideas artísticas. En sus escritos periodísticos plantea con el mismo vigor los asuntos políticos y religiosos de su patria, y analiza temas referidos a la historia, la literatura, la música y el arte contemporáneo.

Ya en diciembre de 1908 se anuncia: "Será el suyo un viaje de placer, al par que de estudio"[3]. Sus artículos "Cómo ve Europa a América" y "Mi viaje a la Argentina" preceden su llegada[4].

Expresa el escritor que a principios del siglo XX, el desconocimiento y el desprecio con el que se juzgaba en Europa a América, se debían especialmente a la influencia universal de la literatura francesa, los escritores de *esprit* eran totalmente ignorantes de lo que ocurría más allá de los bulevares parisinos y por imperio de la moda eran leídos en todo el mundo. Esta particular visión esbozada sobre América, vislumbra un territorio todavía inexplorado, sólo como recurso empleado por algunos novelistas y autores dramáticos para cierre de sus obras. La imagen de estas idílicas tierras que se perfila como punto de escape de ciertos personajes, apenas parece conci-

La conferencia de Blasco Ibáñez en el Coliseo, en *Caras y Caretas*, 19 de junio de 1909

1. BLASCO IBÁÑEZ, Vicente. "Mi viaje a la Argentina", en *La Nación*. Buenos Aires, 11 de abril de 1909. P. 5, col. 3-5.

2. SMITH, Paul C. "América en la obra de Blasco Ibáñez", en *Vicente Blasco Ibáñez, la aventura del triunfo. 1867–1928*. Valencia: Diputación de Valencia; 1986. P. 120.

3. "Blasco Ibáñez en Buenos Aires. Su próximo viaje", en *La Nación*. Buenos Aires, 10 de diciembre de 1908. P. 8, col. 2-3. Su espíritu combatiente se revela desde la primera entrega, en la que se remite al problema de la religiosidad española de las ciudades y campañas, "después de largos años de esterilidad política", sostiene al abordar el problema clerical, su país presentaba una "fisonomía de pueblo europeo".

4. Cierto es que la prodigalidad infinita del suelo americano ya había sido reconocida por Blasco Ibáñez antes de su arribo a estas tierras, como puede advertirse en sus obras literarias impregnadas por el pensamiento de Emilio Zola que entendía que el futuro de la raza latina se hallaba en América.

liarse con la que brinda este mundo nuevo al que los europeos acudían para hacer fortuna. Blasco Ibáñez entiende que la Europa culta debía modificar estos conceptos prejuiciosos ya que el continente americano "en muchas cosas da lecciones al antiguo, y acabará irremisible y fatalmente por sustituirle, heredando su hegemonía"[5]. España, por su parte y debido a las "crisis de su salud", también había vuelto la espalda a los pueblos que hablaban su mismo idioma, sin pensar siquiera en los lazos familiares que los unían.

Miles y miles de españoles se han trasladado en este tiempo de las costas de España a las de América, espontánea e individualmente, pero la nación no ha enviado una sola manifestación de intelectualidad, como testimonio de afecto espiritual[6].

La noticia de la inminente presencia del notable novelista, se había revelado a la prensa porteña:

(…) con esa rápida exactitud de la imagen en la placa fotográfica. Todos los diarios con espontánea solidaridad han adelantado su entusiasta aplauso al propósito del cultísimo colaborador de LA NACIÓN aceptándole como legítimo embajador de una España joven, en plena expansión, amable y generosa de su ciencia y sus progresos presentes[7].

Tentado por descubrir el exuberante panorama de la tierra americana y de sus campos pródigos, Blasco Ibáñez se disponía como representante cultural de la nueva España, a estrechar los lazos con su dilecta hija, la Argentina. El escritor había intuido el alma de nuestro pueblo expresada en sus "llanuras, semillero de héroes de trabajo", en sus costumbres y tradiciones, en sus magníficos y originales paisajes[8]. Imagina "inmensas tierras cultivadas, los interminables rebaños, la producción gigantesca, la creciente red de ferrocarriles"[9].

Entretanto, los ecos de la política implementada en nuestro país por la generación del '80 eran conocidos en Europa, este proyecto favoreció el desarrollo de la ciudad de Buenos Aires y su área de influencia, en desmedro de otras zonas. La acción de estos hombres había creado esa "metrópoli desbordada" que Blasco Ibáñez presentía antes de su arribo y cuyo encanto se había sedimentado en el clima de regocijante optimismo que aquí reinaba, basado en la creencia del progreso indefinido que había generado el pensamiento liberal y positivista. En este período confluyeron al estuario del Plata, una treintena de periodistas, escritores y científicos europeos y americanos[10]. La visita de estas personalidades se reforzó en las vísperas del Centenario patrio.

Asimismo, desde tiempo atrás se había incrementado en América el interés por el conocimiento de los pensadores peninsulares. Dentro de lo que se ha llamado un *hispanismo práctico*, originado en la Península durante los prolegómenos de la celebración del Cuarto Centenario del descubrimiento de América, se acrecentó el mutuo interés "América era concebida como una prolongación de España en el pensamiento de Angel Ganivet"[11]. Este esfuerzo concebido como una gran misión histórica y una creación política importante y original, se encuentra en la base de la teoría de América de Miguel de Unamuno, culminando en la crítica que éste efectuara de las ideas americanas. En el orden de la política avanzada el programa de "hispanoamericanismo español mediante diferentes tipos de intercambio, como el del Congreso Social y Económico hispanoamericano de 1900"[12].

Blasco Ibáñez no pudo escapar al influjo que ejerció Buenos Aires, donde se aglutinaba una sociedad cosmopolita en acelerada transformación: "Veo una ciudad enorme, al lado de un río que es un mar; una metrópoli mundial blanca y sonriente que crece y crece ampliándose en el misterio del destino histórico"[13]. Otro aspecto que le resulta sorprendente es el continuo crecimiento demográfico[14] de esta Babilonia, ciudad mundo, como lo fue "la antigua Roma, la ciudad nación"[15].

En esta época publicó en el semanario de actualidad *Caras y Caretas*, cuentos como "Luna Benamor", ilustrado entre otros por Hofman y Eusevi[16]. Todos los medios periodísticos lo acompañarían durante su recorrido por nuestro país y naciones limítrofes, mientras imponía un paréntesis a su labor de cronista de *La Nación*. El 6 de junio de 1909, atracó en la Dársena Norte de Puerto Madero el vapor Cap Vilano[17], con un pasajero ilustre a bordo: don Vicente Blasco Ibáñez. El valenciano fue recibido por una muchedumbre compacta[18], formada por unas diez mil personas, que entre vítores y gritos lo instaba a continuar la marcha a pie hasta su alojamiento en el Gran Hotel España de la Avenida de Mayo, cuyos balcones se abrieron para que la gente allí reunida escuchara su palabra.

5. Vicente Blasco Ibáñez. "Cómo ve Europa a América" en *La Nación*. Buenos Aires, 5 de abril de 1909. P. 4, col. 5-7.

6. Ibidem.

7. SERRANO CLAVERO, V. "Blasco Ibáñez. Su obra de cultura", en *La Nación*, Buenos Aires, 13 de mayo de 1909. P. 7, col. 3-5.

8. BLASCO IBÁÑEZ, Vicente. "Mi viaje a la Argentina". Op. Cit.

9. Ibidem. Una visión más desgarradora, la brindó en 1904 el escritor español Rafael Barrett, anarquista exiliado. Citado en BARRET, Rafael. *Mirando vivir*. Barcelona: Tusquets; 1976. P. 41-43.

10. Figuras de la talla de Georges Clemenceau, Jean Jaurès, Rafael Altamira, Anatole France, Ramón del Valle Inclán y Guglielmo Ferrero, entre otros no menos prestigiosos, se empeñaron en testimoniar su paso por esta región sudamericana exaltando las virtudes alcanzadas en el orden de los avances tecnológicos y constructivos.

11. ZULETA, Emilia de. *Españoles en la Argentina. El exilio literario de 1936*. Buenos Aires: Atril Ensayo; 1999. P. 16-17.

12. Ibidem.

13. BLASCO IBÁÑEZ, Vicente. "Mi viaje a la Argentina". Op. Cit.

14. Entre 1857 y 1890 la inmigración vino amparada por la política del gobierno que auspiciaba la radicación de colonias otorgando diversas facilidades, en el segundo período de 1890 a 1914, el aluvión inmigratorio se orientó hacia los centros urbanos.

15. BLASCO IBÁÑEZ, Vicente. "Mi viaje…". Op. Cit.

16. BLASCO IBÁÑEZ, Vicente. "Luna Benamor" en *Caras y Caretas* 535. Buenos Aires, 2 de enero de 1909.

17. Procedente de Santa Cruz de Tenerife arribó luego de hacer escala en Río de Janeiro (Brasil) y Montevideo (Uruguay).

18. Las multitudes reflejaban su aspiración a participar de la vida política conformadas por las nuevas clases populares que aspiraban integrarse a la vida cívica. Véase ROMERO, José Luis. *Latinoamérica: las ciudades y las ideas*. Buenos Aires: Siglo XXI; 1976. P. 296-297.

Distintos agasajos brindados a Vicente Blasco Ibáñez: Arriba, almuerzo ofrecido por el doctor Luis María Drago, en *PBT*, 26 de junio de 1909; y Blasco Ibáñez recibiendo el diploma de presidente honorario de la Asociación Patriótica Española, en *PBT*, 31 de julio de 1909. Abajo, ilustres visitantes: George Clemenceau, Rafael Altamira y Anatole France (AGN-DDF)

El interés por conocer la figura de este hombre "compendio", hombre símbolo, artista y alma del pueblo valenciano, se fue acrecentando. No descartamos la innegable influencia que ya por aquel tiempo, comenzaron a ejercer los medios de difusión como factor de promoción y de propaganda, ante un público receptor y siempre ávido de novedades. Recordemos que su novela *Sangre y Arena* fue notoriamente promocionada por la prensa local en 1909, mientras se publicaban sus artículos.

El nutrido programa de festejos que le fue tributado reflejaba la formación de una corriente de opinión, que se expresó en las diversas asociaciones que componían el mosaico regional español representado en esta ocasión por unas sesenta entidades, centros, círculos, sociedades de Socorros Mutuos y Orfeones[19]. Cabe señalar que en la Capital se concentraban unos 170.000 inmigrantes de ese origen. Valencianos, gallegos, aragoneses, salamantinos, orensanos, catalanes, estradenses, asturianos, compartieron el privilegio de acompañarlo. Estos grupos se afincaron fundamentalmente, en los centros urbanos, dedicándose al pequeño y gran comercio, así como a diversos oficios y al servicio doméstico como testimonian las asociaciones de "mozos y cocineros".

La delegación integrada por residentes republicanos, fue presidida en nombre de España, por Rafael Calzada, encabezando la comisión argentina Rafael Obligado y Agustín Álvarez. Este último le dio la bienvenida, manifestando su admiración por este tribuno:

(…) uno de los grandes actores de la nueva grandeza española por el progreso, en que estamos solidariamente interesados por la comunidad de la raza y de la lengua, porque sois representante caracterizado de la España que asimila, que piensa, que trabaja y que produce, de la España que nosotros amamos[20].

19. De acuerdo con las instituciones que participaron en la organización de este acto, es posible distinguir algunos de los barrios donde se fueron instalando: La Boca, Barracas al Sur, San Bernardo y algunas ciudades y localidades del interior. Véase "Blasco Ibáñez. Su llegada a Buenos Aires. La recepción de hoy" en *La Prensa*. Buenos Aires, 6 de junio de 1909. P. 7, col 4.

20. "Llegada de Blasco Ibáñez. Elocuente demostración de simpatía. Recepción en el Puerto. Los discursos" en *La Prensa*. Buenos Aires, 7 de junio de 1909.

Caricaturas: "El día de un hesped distinguido" en *PBT*, 19 de junio de 1909

21. Ibidem.

22. "Blasco Ibáñez. Visitas y agasajos". "El banquete en el Círculo Valenciano. La primera conferencia" en *La Nación*. Buenos Aires, 11 de junio de 1909. P. 7, col. 3- 4 y 5 de junio de 1909. P. 8, col. 3-4.

23. "La demostración de Nosotros a Blasco Ibáñez" en *Nosotros* 3. Buenos Aires, julio-agosto, 1909. P. 366-371.

24. "Demostración de los estudiantes. En la Presidencia de la república" en *La Nación*. Buenos Aires, 8 de junio de 1909. P. 8, col. 4-5.

25. "Blasco Ibáñez. La conferencia de hoy" en La Prensa. Buenos Aires, 16 de junio de 1909. P. 10, col. 5 y "Estreno de Cañas y barro en el Teatro Nacional" en *PBT*. 240. Buenos Aires, 26 de junio de 1909. P. 87.

26. "El día de un huésped distinguido" en *PBT*. 239. Buenos Aires, 19 de junio de 1909. P. 65- 67. "El paseo de Blasco Ibáñez por el municipio" en *PBT*. 240, 26 de junio de 1909. P. 67. "Anatole France y Blasco Ibáñez. Gira por la ciudad" en *La Nación*, Buenos Aires, 17 de junio de 1909. P. 9, col. 1.

En este intento por fortalecer los lazos con la madre patria, Rafael Calzada expresa que esta vinculación debía ahondarse aún más "en vísperas del glorioso centenario" de la independencia de la nación argentina[21].

También habló López de Gomara en nombre del Círculo de la Prensa y Salvador Alfonso en el banquete ofrecido en el Círculo Valenciano[22]. Por su parte, la revista *Nosotros*[23] le brindó una recepción, siendo además nombrado miembro honorario de la Academia Literaria de Buenos Aires, donde expresó su intención de vincularse a la juventud intelectual de América, a la que lo unía una misma comunidad de ideales[24]. Visitó asimismo las salas del diario La Prensa y las oficinas y talleres de La Nación. La febril actividad desarrollada en Buenos Aires, quedó testimoniada en caricaturas como la aparecida en *P.B.T.*, donde se lo ve en compañía del Intendente Manuel J. Güiraldes[25].

Ante los inquisidores ojos del español se develaba una gran urbe, en constante transformación. La comitiva oficial desfiló por barrios de disímil composición social y caracteres constructivos bien diferenciados, los marcados contrastes de cada una de estas zonas, fue creando la metrópoli moderna de cuyo movimiento daba cuenta el mismo Blasco Ibáñez. El intendente quiso mostrarle "a más de lo bueno" los "lunares edilicios del municipio", hacia el Sur, primero la Boca, después Barracas con sus casas de cinc y madera, luego "calles llenas de baches y flanqueadas de terrenos baldíos"[26]. Una posterior recorrida por los barrios de Flores, Chacarita, Colegiales, Belgrano culminó en Palermo. Allí tuvo ocasión de departir con el director del Jardín Zoológico, Clemente Onelli. En el Jardín Botánico, Charles Thays le enseñó "las especies de plantas más importantes que se conservan y los invernáculos que contienen ejemplares de verdadero mérito"[27]. La visita concluyó en la Sociedad Rural donde se estaban armando las maquetas del monumento a la revolución de Mayo[28].

Blasco Ibáñez en el Jardín Zoológico y en el tren liliputiense, en *PBT*, 26 de junio de 1909

Blasco Ibáñez conoció los edificios más significativos del momento. El Congreso Nacional, denominado el "palacio de oro" por lo que se demoraba su construcción, lo asombró por su grandiosidad y por la disposición de las cámaras legislativas. También recorrió las instalaciones del Jockey Club, situado todavía en la calle Florida y donde se daba cita lo más granado de la sociedad porteña. Tampoco faltó a la representación del "Elixir d'amore" en el recientemente inaugurado Teatro Colón.

En La Plata, capital de la provincia de Buenos Aires, lo aguardaban las autoridades del Museo de Ciencias Naturales, visitando además el Observatorio y el Teatro Argentino[29]. En todas las localidades que pasó fue recibido por los vecinos notorios que se agolpaban en las estaciones del ferrocarril[30]. Quedó impresionado por el movimiento comercial de Tandil y tuvo oportunidad de conocer establecimientos públicos, como el Hospital Santamarina y el atractivo más característico del lugar, la piedra movediza que cayó en 1912. Luego con un pase libre para desplazarse por tren, inició una gira de estudios por diversas zonas del país[31]. El periplo comenzó en agosto por el Litoral, conoció las provincias de Santa Fe, Entre Ríos y Corrientes, donde participó en las fiestas patronales de San Roque quedando sorprendido por la exuberancia de la vegetación. En Resistencia, por entonces territorio del Chaco, tuvo ocasión de departir con Juan Moro, tipógrafo italiano establecido en el lugar. Su próximo destino fue la república del Paraguay, tierra de naranjales que le recordaba a Valencia. A bordo del vapor Corumbá, arribó a la ciudad de Asunción el 25 de agosto, donde fue recibido por Juan Silvano Godoy y en representación de la colonia española lo hizo José Gimeno, mientras la muchedumbre lo siguió a pie hasta el Hotel Hispano Americano. En el coche presidencial visitó el Oratorio, la Encarnación, la catedral, la antigua casa del tirano Francia, el Teatro de López, el Museo de Bellas Artes y la Biblioteca Americana. En los aledaños estuvo en la gruta de San Bernardino[32] y en La Paraguaya, fábrica de cerveza que le pareció una instalación: "tan artísticamente adornada e iluminada digna de figurar en cualquier país del mundo y a la que servía de marco el paisaje espléndido del río"[33].

De regreso a la Argentina, su próximo destino fue la región norteña profundamente ligada a la tradición hispánica y de fuerte raigambre indígena, siendo cálidamente recibido en las provincias de Tucumán, Santiago del Estero y Salta. En la localidad jujeña de San Pedro fue invitado, a conocer el ingenio La Esperanza y su dueño Gualterio Leach lo llevó en automóvil hasta "las tolderías de los indios matacos, tobas y chulupis, conversando largamente con ellos y sacando fotografías de diferentes grupos"[34]. En la ciudad de Salta participó de la procesión del Señor de los Milagros, muestra visible del espíritu religioso de este pueblo. Posteriormente, en Córdoba fue asediado por los medios de prensa que lo aguardaban en el Hotel Splendid, para disertar luego en los salones del Teatro Rivera Indarte[35]. Las obras del dique San Roque, inaugurado en 1891, lo impresionaron vivamente. En el mes de octubre emprendió el camino del sur dirigiéndose a Bahía Blanca. En su reunión con el gobernador del entonces territorio de Río Negro, Carlos Gallardo, Blasco Ibáñez le demostró su interés en solicitar tierras fiscales para su colonización[36]. Además de visitar chacras en la provincia de Neuquén, se dispuso a navegar por el Río Negro[37]. Con este motivo se le destinó el vapor Namuncurá de la escuadrilla fluvial que desde dos años atrás tenía su servicio interrumpido, al arribar a la isla de Choele Choel conversó con autoridades y colonos "que en señal de regocijo habían preparado un almuerzo campestre".

27. "Blasco Ibáñez. Su gira por la ciudad. La tercera conferencia" en *La Nación*. Buenos Aires, 18 de junio de 1909. P. 7, col. 4.

28. El concurso internacional realizado en 1908 fue ganado por Gaetano Moretti y Brizzolara.

29. "El señor Blasco Ibáñez en La Plata. Entusiasta recepción" en *La Nación*. Buenos Aires, 30 de junio de 1909. P. 8, col. 1-2. Los conceptos acerca del Museo pueden verse en BLASCO IBÁÑEZ, Vicente. *Discursos y conferencias dadas en Buenos Aires por el eminente escritor y novelista español*. (Buenos Aires): Impr. y casa Editora A. Grau; s/f. P. 113. Este Museo pertenecía a la humanidad ya que en él estaban consignados los orígenes de la raza americana, y se atesoraba el "secreto de la creación del mundo".

30. El diario *La Nación* de Buenos Aires registró su paso por la provincia de Buenos Aires: "Mercedes. Conferencia de Blasco Ibáñez", 22 de julio de 1909. P. 8, col. 1 y 23 de julio de 1909. P. 7, col. 6. "Dolores. La venida de Blasco Ibáñez", 25 de julio de 1909. P. 10, col. 2. "Colón. Conferencia de Blasco Ibáñez", 30 de julio de 1909. P. 7, col. 1. "Tandil. Visita de Blasco Ibáñez", 19 de julio de 1909. P. 6, col. 3. La revista *Caras y Caretas* lo hizo en su número 564: "San Nicolás. Blasco Ibáñez en su alojamiento". Buenos Aires, 24 de julio de 1909.

31. Como ya ha sido citado en otro de los capítulos de esta obra, el pasaje general le fue otorgado por el Presidente Figueroa Alcorta recorriendo 35.000 km en la Argentina, dato proporcionado por *El Mercurio* de Valparaíso, Chile, el 12 de noviembre de 1909.

32. *Las conferencias de Blasco Ibáñez en el Paraguay*. Asunción: Impr. Grabow & Schauman; 1909. P. 44- 45.
33. Ibidem.

34. "Jujuy. Blasco Ibáñez. Entre los matacos, tobas y chulupis. En busca de cosas raras" en *La Nación*. Buenos Aires, 16 de septiembre de 1909. P. 8, col. 2. También se comenta en estas notas el paso de Blasco Ibáñez a la frontera de la república de Bolivia.

35. "Blasco Ibáñez. Su vuelta a Buenos Aires" en *La Nación*. Buenos Aires, 23 de septiembre de 1909. P. 10, col. 2.

36. "Territorios nacionales. Blasco Ibáñez en Choele Choel. Visita del gobernador. Discursos cambiados" en *La Nación*. Buenos Aires, 17 de octubre de 1909. P. 7, col. 3, y 18, p. 8, col. 3.

37. "Territorios nacionales. El señor Blasco Ibáñez colonizador" en *La Nación*. Buenos Aires, 26 de octubre de 1909. P. 12, col. 1.

En la frontera con Bolivia junto a los ingenieros del ferrocarril en *Caras y Caretas*, 2 de octubre de 1909

38. "Mendoza. Blasco Ibáñez" en *La Nación*. Buenos Aires, 3 de noviembre de 1909. P. 6, col. 3 y día 4, P. 7, col. 4.

39. Entre otros citamos los artículos aparecidos en *La Nación* de Buenos Aires: "Chile. Blasco Ibáñez", 11 de noviembre de 1909. P. 8, col.1 y "Primera conferencia de Blasco Ibáñez", día 12. P. 8, col. 6 y "Valparaíso. Blasco Ibáñez", 25 de noviembre de 1909. P. 7, col. 5.

40. "Blasco Ibáñez" en *La Nación*, Buenos Aires, 9 de diciembre de 1909. P. 10, col. 1.

41. Transcurridos apenas tres años de la visita de Blasco Ibáñez, José M. Salaverría titula su artículo "La crisis del optimismo", señalando que "Hoy no existe ideal colectivo alguno, y las faenas del campo no inspiran como otrora, una emoción espiritual trascendente (…) ¿Es ésta la Argentina, la América, el país sagrado de la fortuna?" se interroga en el número 724 de la revista *Caras y Caretas*, editada en Buenos Aires el 17 de agosto de 1912.

Cuyo, región de ricos viñedos al pie de la cordillera de los Andes fue su siguiente destino[38]. Tras recorrer la ciudad de Mendoza, fue aguardado en San Juan por más de dos mil personas, que lo escoltaron hasta su alojamiento formando una columna de antorchas.

Pasó luego a la vecina república de Chile, donde estuvo en su capital, Santiago y en Valparaíso, donde lo esperaban los medios periodísticos, la asamblea del partido radical, los miembros de las asociaciones obreras y la colectividad española[39]. El último punto de su estadía sudamericana fue Montevideo, capital del Uruguay, donde arribó en pleno *coup de chaleur*, viéndose frustradas sus conferencias.

La visión que Blasco Ibáñez se llevó de Argentina se enmarca, sin dudas, en el clima de regocijante optimismo que antecedió a los festejos del Centenario patrio. Regresaba a España:
(…) en condiciones de hacer una obra interesante que revelará en Europa el estado floreciente de la nación (…) realizará el mismo una buena acción, al hacer conocer al país tal como es, contribuyendo poderosamente a la difusión de su conocimiento en Europa[40].

En realidad, este período se vio signado por contradicciones, ya que el proyecto liberal implementado en el país, comenzaba a evidenciar ciertos síntomas de crisis[41].

En el Chaco salteño a modo de jinete gaucho en *Caras y Caretas*, 2 de octubre de 1909

Blasco Ibáñez y las grandezas de la Argentina

Dra. Arq. Graciela María Viñuales
CONICET, CEDODAL

Los Álbumes del Centenario

Con motivo del Centenario de la Revolución de Mayo en la Argentina se escribieron numerosos álbumes. Los publicaban casas editoras, autores independientes y diversas entidades. Blasco Ibáñez no fue ajeno a tales asuntos. Su primer viaje a la Argentina -en 1909- le permitió tomar conocimiento de las ediciones que ya se estaban preparando y ratificar la idea de hacer la suya propia. Obtuvo de las autoridades un pase libre para los ferrocarriles con el cual visitó todas las provincias y territorios[1], pero también se valió de otros medios de transporte y de contactos personales para llevar adelante su proyecto.

En las publicaciones antes mencionadas se pasaba revista a la historia y a la geografía nacionales, agregándose luego diferentes capítulos que dejaban traslucir las prioridades que cada publicista asignaba a otros aspectos de la vida argentina. Asimismo era corriente que no faltaran ni lo comercial -con mención detallada de las firmas- ni lo social -con el retrato de familias y de distinguidas señoritas-.

Los álbumes que se editaron entonces daban cuenta de numerosas casas de comercio, establecimientos agrícolas y ganaderos, emprendimientos industriales, entre otros. Tales nóminas reflejaban en realidad las subscripciones que se habían hecho para concretar la publicación y el monto relativo de cada una. En algunos, la parte social tenía destacado lugar. Porque además de los retratos, muchas veces se mostraban las mansiones familiares, los jardines y los salones de recibo. Hasta las mismas introducciones sobre la historia y la geografía argentinas ponían en evidencia las tendencias de los grupos económicos que sustentaban esos libros. Pero Blasco Ibáñez dejó de lado estos últimos aspectos, tal vez por considerarlos frívolos o tal vez porque su edición no sería financiada por sociedades comerciales, ni por tradicionales familias.

Lo cierto es que *Argentina y sus grandezas* presenta una serie de coincidencias con aquellos modelos, pero resulta mucho más personal, refiriéndose a cada faceta de la vida argentina como un verdadero autor y no tanto como un recopilador, como sucedía en buena medida en los otros casos[2]. Esto le da al álbum una tónica bien diferente, que se acentúa por tener innumerables fotografías de don Vicente con los pobladores o posando solo en el paisaje selvático o pampeano, complementando las fotos de edificios, campos y ciudades similares a las de los otros libros.

Pero, *Argentina y sus grandezas* estuvo precedido por importante propaganda que le hiciera la revista *Caras y Caretas*. Allí iban saliendo anticipos del libro, así como comentarios de cómo se gestaba. Pero también había fotos del autor en su escritorio escribiendo en medio de apuntes, o del pintor Pedraza -uno de sus ilustradores- junto a su caballete. Esta manera de ir preparando el ambiente y de ir presentando pasajes del libro, iba creando la expectativa. Así surgían los comentarios y así el libro era reclamado antes de su aparición, tanto en Buenos Aires cuanto en las provincias.

Los tiempos que corrían

Tuvo el gran acierto de llegar a estas tierras justo en vísperas del Centenario, cuando todo se aprestaba para los grandes festejos y hasta para la "reconciliación" oficial con la Madre Patria. El propio Presidente de la Nación le abre las puertas para que consiga sus propósitos de recorrer el territorio nacional, tal como casi ningún argentino lo había hecho.

1. Con un pasaje general para los ferrocarriles que le dio el presidente Figueroa Alcorta recorrió 35.000 km en la Argentina en *El Mercurio*, Valparaíso, 12-11-1909.

2. BLASCO IBÁÑEZ, Vicente. *Argentina y sus grandezas*. Madrid: La Editorial Española Americana; 1910. Cuando hagamos mención de páginas en las notas siguientes, nos estaremos refiriendo a este libro y a esta edición.

Parte de la propaganda era mostrarlo en su escritorio trabajando en el libro

El dictado de conferencias y sus relaciones políticas y literarias le ofrecen la posibilidad de conocer personas y entidades destacadas en cada sitio que visitara. En cada uno de sus viajes es recibido por la colonia española, especialmente por la de ideas radicales. Pero sus grandes anfitriones son los periodistas. Se relaciona también con escritores y con industriales, comerciantes y dueños de explotaciones agrícolas y ganaderas que están en ascenso. En algunos sitios las autoridades lo reciben, lo acompañan y lo ayudan mucho en sus propósitos. Obtiene así el material básico para el libro, creyendo que tendría apoyo oficial para la edición. Ello no se produce y afronta él mismo la primera publicación de gran formato y calidad. Con el tiempo saldría la segunda, con características más modestas[3]. Todo indica que otro proyecto similar -aunque mucho más reducido- había concebido para Chile. Pero no llegó a concretarse en su totalidad, a pesar de las conexiones familiares que más tarde lo unieran a ese país.

3. La segunda edición fue publicada por editorial Prometeo, de Valencia. De menor formato y costo reducido.

Blasco Ibáñez envía una postal desde Buenos Aires -1909- mostrando el hotel en que se hospeda. Der.: Como republicano de su tiempo, Blasco Ibáñez perteneció a la masonería

Lo que sucede es que él, como ninguno de los otros autores de álbumes de entonces, recorre personalmente el extenso territorio argentino. Lo hace además en muy corto tiempo, pudiendo así tener una visión sincrónica del país. Recordemos que hacía apenas una década que se habían definido los límites fronterizos con Chile, Brasil y Bolivia. Y, aunque buena parte de lo que poco antes se llamara "territorios indios" era aun una incógnita, se veían extensiones de ramales ferroviarios que iban penetrándolos.

Por otro lado, el transporte fluvial estaba en su apogeo, y la combinación de él con los trenes era ya un hecho, especialmente en los ríos Paraná y Uruguay. Las mismas comodidades que se ofrecían en ciertos puntos de ambos sistemas, posibilitaba el desplazamiento y hasta el trasbordo hacia otros medios de transporte más populares. Blasco no los desdeña, ya que se lo ve en varias fotografías montado a caballo o en zonas donde evidentemente no llegaba el ferrocarril, ni había ríos navegables. Por el contrario, parece que le gustara hacer gala de su inserción en las costumbres lugareñas. Aparece así no sólo a caballo, sino luciendo poncho a rayas o compartiendo un momento de descanso con indígenas y aun en sitios selváticos o montañosos. Es evidente que lo fascinaba el contacto con gentes tan diferentes, con paisajes tan variados y hasta con mitos y leyendas de las zonas que iba visitando.

Por entonces era bastante normal -aun en provincias distantes- encontrarse con gentes de muchas nacionalidades. La llegada de Blasco Ibáñez no debe haber sido tomada como la de un ser extraño, sino muy por el contrario, como el recibimiento de alguien de fuera, pero con quien se compartían muchos rasgos, el idioma sobre todo.

El plan de la obra

Tal como lo hicieran otros álbumes, don Vicente ocupa una porción de su obra para la descripción detallada de la ciudad capital y de las provincias y gobernaciones. También como ellos, le dará un lugar a la historia y a la geografía. Sin embargo, su planteo del capítulo "La Argentina de Hoy" ya mostrará muchas diferencias, no sólo por la valoración que hará del país, sino también por los temas en que se detendrá. Y así como el carácter argentino tendrá su lugar, y también la mujer, va a dedicar un título entero a la prensa. Son los periodistas quienes le abrirán las puertas de sus casas para dar las conferencias, los que saldrán a la estación o al puerto a recibirlo, aun los que lo acompañarán en trayectos no tan cómodos.

La prensa local lo reconoció como un colega y él retribuyó con creces esta deferencia en el libro. Es justamente una de las pocas partes de la obra en que se hará una cierta propaganda de entidades privadas y se colocarán retratos de empresarios. Lo mismo sucederá con algunos escritores, destacándose el caso de Carlos Guido Spano a quien Blasco Ibáñez visita en su habitación de paralítico y dedica varias y sentidas páginas del álbum. En ese caso, como en tantos otros pasajes, el autor intercala anécdotas, comentarios y descripciones que hacen muy amena la lectura. Casi podría decirse que -aunque aquí no haya una línea narrativa- Blasco mantiene el sistema de sus novelas, mezclando varios géneros que le dan toques personales y sentidos al asunto. Con ello no decae el interés dentro de cualquiera de los capítulos que uno elija, con lo que el autor logra lo que parece haber sido siempre uno de sus propósitos: ser didáctico.

Pero si los textos tienen su valor y su encanto, la inclusión de gráficos se lo duplican. No apela en general a fotografías de página entera, sino más bien a las de pequeño formato, pero con ellas dará un panorama muy completo. El tipo y la procedencia de los gráficos serán variados. Estarán las fotos tomadas por él mismo, las que otros fotógrafos contemporáneos le han pasado, pero también se verán reproducciones de fotos y de grabados antiguos. Algunos pintores apoyaron también la obra. Entre ellos descuella Pedraza que parece haber interpretado descripciones y croquis tomados por don Vicente. De su autoría son varias ilustraciones que acompañan las páginas escritas. Pero también hay reproducciones en colores que se intercalan entre las hojas de texto, que están pintadas por el ya nombrado Pedraza, por Utrillo y otros pintores, aunque de ninguno de ellos se hace mención dentro del texto y algunas firmas se hacen difíciles de reconocer.

Algunas otras láminas completan el libro. Un mapa que ocupa dos de las primeras páginas muestra la Argentina y sus países limítrofes, indicándose en todos ellos -excepto en el Paraguay- las líneas férreas existentes. Es otro testimonio más de algunas de las preferencias del autor, ya

Su diario *El Pueblo* sirvió para promover sus ideas. Carteles en colores apoyaban sus campañas literarias y políticas

que no se señalan los caminos, algunos de ellos muy transitados. Pero si estas reproducciones le dan un toque de lujo y de color, las numerosas fotografías constituyen un verdadero repositorio documental, especialmente las que se nota que han sido tomadas por él mismo. Aunque es de lamentar que en muchos casos los epígrafes se tornan insuficientes como para ubicar el sitio. Seguramente, ello se deba a que hubo material prestado y que a veces el dueño original ya hubiera fallecido, como sucede con las fotos de Boggiani de Formosa.

Otro detalle es el de la encuadernación. La cubierta era de cuero repujado, presentando una reinterpretación del escudo nacional, dentro de la que se destacan los rayos del sol, motivo que igualmente utiliza en una de las primeras viñetas y al que parece ver como el símbolo de la nueva esperanza que es la Argentina. Aunque también parece que el mismo tamaño fue algo que se manejó como propaganda. Cuando Caras y Caretas adelanta algunas partes del texto, la acompaña de partes gráficas. En una de ellas compara en una foto el tamaño de *Argentina y sus grandezas* y el de los libros habituales del autor.

La Argentina que ve Blasco Ibáñez

Pero, como decíamos más arriba, las condiciones en que se produce el viaje de Blasco le permiten ver una Argentina particular. Si bien desde tiempos coloniales el territorio había sido visitado por viajeros, y muchos de ellos habían escrito sus impresiones -y hasta habían delineado mapas- la época en que llega don Vicente es particularmente propicia para desplazarse. Aunque no hay que dejar de valorar el momento histórico en que arriba, tiempos de expansión de la agricultura y la ganadería, de explosión demográfica -por crecimiento natural y especialmente por inmigración-, de consolidación de modelos políticos y de popularización de la educación.

Lógicamente surgen sus observaciones: aprecia la vida de provincias, los establecimientos agrícolas, el paisaje y *"la raza"*, como señala en uno de sus capítulos. Le llama la atención el nivel cultural de algunas ciudades del interior, pero también el sentimiento de lejanía que expresan sus gentes al aludir a Buenos Aires. Se encuentra con una Argentina en la que conviven todos esos mundos: el que está atento a las últimas novedades europeas -en cuanto a moda, teorías filosóficas, descubrimientos científicos y adelantos técnicos-, el que aun mantiene las tradiciones coloniales y el indígena recién incorporado a la vida nacional.

Él se entusiasma con lo que visita, a pesar de haber tenido que soportar algunos rigores de vientos o calores. Quizá lo que él no aprecia en su totalidad es la estación del año en que le toca hacer ciertos recorridos. Por ello no cae en la cuenta de los fríos que azotarían el norte patagónico en donde colocara más tarde su colonia Cervantes. Y aunque se ve que ha consultado estadísticas de diverso tipo, no llega a captar en profundidad los puntos más desfavorables de muchas de ellas.

Don Vicente con una india coya y su hijo, y posando frente a una vivienda chiriguana

En tal sentido, en la obra no se dejan translucir sus intenciones de fundar colonias en Corrientes y en Río Negro. Porque si bien analiza ambos lugares y pone énfasis en la historia correntina, cuando habla de la pujanza nacional, o de la posibilidad de traer colonos, no se refiere en especial a estas provincias. Seguramente quería tener más avanzados y firmes sus proyectos antes de lanzarlos. También se nota su curiosidad por lo atinente a la flora y a la fauna. Analiza allí algunos ejemplares, los nombra con su denominación local y los describe. Pero también se hace tomar fotografías al lado de ejemplares vegetales o acariciando animales de la región, como a las vicuñas.

La cantidad de páginas dedicadas a los diversos sitios geográficos no es siempre equivalente. A algunos de ellos le da un lugar de privilegio, seguramente porque se ha detenido allí bastante tiempo o, porque ha sido acogido por personas entusiastas que le han hecho conocer muchos detalles. Entre ellos quisiéramos destacar el caso de Salta. La ciudad es descripta en amplitud, y es fotografiada por el propio autor. También son transcriptos sucesos históricos, leyendas, anécdotas y comentarios. Textos y gráficos abarcan la parte oriental del territorio: justamente en la zona que se conoce como "chaco salteño", Blasco se fotografía con aborígenes de diversos grupos, en medio de los bosques y montando a caballo. Sin embargo, deja bastante de lado la región de los valles calchaquíes, a los que aun no había llegado el ferrocarril y cuyo acceso era por entonces asaz complicado.

A veces los indígenas ya estaban algo acriollados

V. BLASCO-IBAÑEZ

LE VOYAGE
D'UN
ROMANCIER
AVTOVR DV MONDE

ERNEST FLAMMARION, EDITEUR
26, Rue Racine - Paris

Tantos viajes hizo Blasco, que los reunió
en un libro traducido a varios idiomas

Pero quizá se destaque -dentro de todo- la importancia dada a Bahía Blanca, ciudad a la que no escatima elogios, llegando a decir que algún día será la segunda del país. Aunque más que la ciudad misma, lo impresionan los puertos y toda su infraestructura, el paisaje de las marismas que encuentra demasiado monótono y -especialmente- el puerto militar. Éste había sido fundado una docena de años antes de la llegada de Blasco Ibáñez, si bien sus construcciones contaban con menos de un lustro. De todos modos, ya estaba funcionando el propio Puerto Belgrano y se había formado el caserío adjunto de Punta Alta que contaba con pintorescos *"chalets"*. Por ello sus observaciones, casi en los albores de la instalación del puerto, resultan un documento de verdadera importancia.

Seguramente, no en todos los lugares fue recibido de la misma manera. Sus ideas anticlericales es posible que le hayan granjeado antipatías, como sucediera en Chile. Él no deja translucir esto sino en forma muy sutil, dando más importancia a los sitios en que fuera mejor acogido. Aunque debe también valorarse que hubo localidades de las que habló en el libro, pero que no fueron visitadas por él, sino que se documentó -incluso en forma fotográfica- a través de terceros. Sociedades de Socorros Mutuos, Asociaciones Españolas, y otras denominaciones hispanas lo recibieron como uno de ellos, a pesar de que muchas veces los miembros, en forma particular, no comulgaran con sus ideas. Y él retribuye atenciones colocando testimonios de esos compatriotas, señalando la buena obra que realizan en diversas zonas, valorando el coraje y la tenacidad de muchos españoles que en pocos años progresaron gracias a su esfuerzo.

En cuanto al estado de las localidades, sus plazas, sus monumentos conmemorativos, sus edificios, es bastante lo que muestra Blasco Ibáñez. Si bien -como dijimos más arriba- a veces los epígrafes son bastante vagos como para determinar de qué se trata, se documentan en el libro muchos casos de obras hoy desaparecidas o desfiguradas. Lo mismo podríamos decir de los paisajes urbanos, actualmente tan distintos. Por encontrarse por entonces con calles casi sin vegetación, o plazas con ejemplares recién plantados, se ve un ambiente muy diferente, todo parece más amplio y desierto. Pero también esto permite mirar conjuntos que hoy sólo podemos observar por sectores. Los edificios se muestran en fotos que los abarcan en su totalidad, recién terminados y sin los lógicos cortes que hoy supone la vegetación crecida y el intenso equipamiento urbano. Esto se complementa con dibujos de proyectos que ponen en evidencia que muchos de ellos sufrieron cambios durante su construcción, o bien a lo largo de su vida. Pero también podemos así conocer ciertos proyectos que quedaron sólo en los papeles, como el de la remodelación de la Casa Rosada, o como otros que apenas se concretaron en parte.

Aparte de esta documentación, el estilo elegido para escribir posibilita la pintura de la gente que visita. Porque si su descripción física y su apreciación de vestimentas y costumbres son interesantes, el transcribir conversaciones y anécdotas da una idea más acabada de cómo pensaba el habitante de las diferentes provincias. Se anotan costumbres, juegos, comidas, etiquetas sociales, bailes y canciones, modos de montar y de trabajar el campo, mitos, leyendas y lo que para él son *"curiosidades"*. Además la manera jocosa con que trata ciertos temas, su aguda percepción de los personajes, dan una idea más acabada de cómo era el argentino de las diversas provincias y territorios de entonces. Su estrecha vinculación con *Caras y Caretas*, que por entonces era una revista de actualidad y con rasgos de humor que afloraban desde su portada, tal vez le contagiara a Blasco bastante de ese humorismo, o tal vez se entendiera bien con sus editores porque andaban por sus mismos carriles.

Evidentemente, todo lo que fuera pujanza, progreso, porvenir, le interesaba. Y así como se dio el gran gusto de utilizar y ponderar todas las líneas ferroviarias del país, también se impresionó con las actividades que se desarrollaban en torno a ellas. En primer lugar, sus mismas instalaciones, sus estaciones de pasajeros, sus camarotes, sus vagones comedor. Pero también los hoteles que las compañías tenían en ciertos puntos claves del trayecto, a veces combinándose con centros termales o con cruces importantes. Aunque más allá de esto, valoraba los centros de acopio que se formaban en cada estación, para el traslado de productos a los puertos de embarque. La clásica fotografía de las bolsas apiladas con los obreros en su cima saludando tiene cabida más de una vez en las páginas del libro.

Pero lógicamente lo atraen aun más los puertos, con su movimiento, sus silos, sus grúas y todo el trajín que ello supone. En numerosas ocasiones anota detalles de las embarcaciones, los servicios que ofrecen, haciendo comparaciones -y hasta propuestas estratégicas- entre varios de los puertos más importantes del país. A ello va unido el tema de las industrias. Documenta tanto establecimientos de Buenos Aires o de Mendoza, que manejan la tecnología más avanzada, cuanto ingenios azucareros del norte, que aun trabajan con sistemas antiguos, especialmente en cuanto a la contratación de la mano de obra indígena. Unos y otros son para él prueba del porvenir venturoso de la Argentina. Aunque, de todos modos, no deja de lado las ponderaciones del comercio local.

Otro asunto que parece interesarle mucho es el de las fuerzas armadas y de seguridad. En los textos se hacen descripciones de ellas y hasta menciones de personas distinguidas dentro de los distintos cuerpos. Entre las fotografías hay varios ejemplos de ello: la policía, los bomberos, los buques de guerra, las formaciones. Pero también en aquellas ilustraciones fuera de texto, se muestran efectivos de varios cuerpos armados. Posiblemente las ideas de orden y disciplina que a Blasco tanto le gustaban, fueran las responsables de esta inclinación por los temas militares.

Aprecia la expansión de la ganadería hasta tierras muy alejadas, así como los ejemplares de raza que se han obtenido por el correcto manejo de las cruzas. Pero también le interesan los remates de animales, algo que por entonces ya era común en las zonas pampeanas. De todo ese amplio mundo del mejoramiento de los rodeos, del cuidado que se les daba a los animales, y hasta de las asociaciones que se dedicaban a ello, Blasco hace descripción bastante detallada y documentada gráficamente. Agrega a ello lo atinente a la Sociedad Rural y a sus exposiciones en el predio de Palermo. Ve a los animales en su hermosura, más que en el mero hecho de su rendimiento lanar o cárnico. Esto es también una diferencia con los otros álbumes, que estaban más influidos por las grandes industrias de la carne y por los beneficios que ella estaba rindiendo a los capitales extranjeros.

Y, como complemento de esto, se detiene en la agricultura. Evidentemente, pudo conocer el campo argentino en transformación. Por la conformación llana de los territorios que se dedicaban especialmente a cereales, se pudo emplear maquinaria de gran tamaño. Para entonces ya la siembra, el corte y la trilla estaban "automatizados". Lo concreto es que ya no se recorría el terreno a pie, sino que cada operación se la hacía moviendo elementos mecánicos con tracción de vapor. Eran unos tractores que más parecían una pequeña locomotora. La trilla también era mecánica y el grano caía directamente a las bolsas que luego se transportaban a la estación ferroviaria. Todas estas máquinas parecen haberlo impresionado, así como las extensiones de cada plantación, que además no recibían más riego que el de las lluvias. Tal vez, si el viaje lo hubiera hecho una década antes, sólo habría visto estos adelantos en contados establecimientos. Por eso, estimamos que fue un momento privilegiado el que le tocó visitar el país.

La valoración de las grandezas

Lo interesante es echar un vistazo a lo que Blasco comenta. Sus interpretaciones de la realidad argentina y de su comparación con América del Norte y con España no tienen desperdicio. Se nota en él un amor por lo hispánico -y con lo valenciano en especial- que trata de compatibilizar con sus ideales de libertad política y religiosa. Tal unión a veces se le torna difícil dentro del panorama argentino, que corre por carriles un tanto diferentes en ese entonces. Pero es hábil y siempre le halla una explicación bastante convincente. Por un lado se queda prendado con la ciudad de Buenos Aires y su limpieza, *"el detalle más simpático"* de sus calles[4]. Pero por otro no tendrá límites en sus descripciones de montañas, bosques, ríos y hasta inconmensurables desiertos, diciendo que éstos han sido el enemigo natural del conquistador y del hombre del siglo XX[5].

Y así, en todo momento, aprovecha para hacer propaganda de estos lares como no podrían hacerlo ninguno de los folletos que desde hacía unos años invitaban a los europeos a venir hacia esta tierra, que *"parece estar llamando al trabajo con apasionados requerimientos de hembra en celo"*, según don Vicente[6].

Muchas veces llega a interpretar lo que le cuentan en forma muy personal, casi con candor infantil. Esta tierra lo capta con toda su fuerza y le hace ver aquí un porvenir inmenso. En sus párrafos lo deja bien en claro, que no es solamente por la calidad del paisaje ni por la tierra -que

4. P. 508.

5. P. 220.

6. P. 39.

Blasco recibiendo a agricultores valencianos, posibles colonos de sus fundaciones

a veces se muestra árida- sino porque las cualidades humanas del hombre argentino son grandiosas, que ésta es patria de futuro. Claro que también hace distinciones entre los diferentes grupos que han poblado la Argentina. Para él, las primeras olas inmigratorias que llegaban contratadas de su patria de origen no fueron las que trajeron la prosperidad, sino las siguientes, que arribaron por sus propios medios. Es interesante ver cómo alguien que parecía de tendencia socialista, al final considerara a la iniciativa privada como la gestora de la prosperidad del país.

En muchas ocasiones -a través del texto y de la fotografía- se complace en mostrar grupos de inmigrantes que se han integrado perfectamente a la vida nacional. Hay casos de abuelos *"gringos"* con nietos argentinos, pero sobre todo familias completas trabajando los campos o instaladas en la ciudad. Lógicamente, presenta diversos casos de compatriotas que han progresado en poco tiempo. Pues él siempre encontraba un reflejo de España en nuestras tierras o establecía comparaciones de costumbres, pareciendo a menudo más benévolo con las formas de ser argentinas, que con las españolas. Esto pasaba especialmente cuando veía aquí signos de *"modernidad"* que aun tímidamente asomaban en la Madre Patria. Hay interesantes descripciones de actividades religiosas, que las encuentra sin la tristeza ni la *"terrorífica solemnidad"* española. Lo mismo pasa cuando habla de la moda, las libertades de las mujeres argentinas y su avidez cultural.

Este deslumbramiento, no hace sino descubrir en él un amor a su tierra y una ilusión de mejorar ciertas condiciones de su gente. Nos damos cuenta de que no es un signo de desprecio su constante relacionar todas sus observaciones con lo que sucede en España, a pesar de ser una persona que conocía varios países más. Más bien podría decirse que es un toque de atención. Así, su amor por lo hispánico lo lleva a hablar de la ciudad de Washington como *"la caverna del ogro devorador de pueblos"*[7], mientras reserva lamentaciones para la *"anemia"* de España, que envió gente a sus colonias y perdió población[8]. Sin embargo a todo eso lo conjuga con la independencia de Iberoamérica y llega a la conclusión que *"resultó un bien para el progreso humano"*, porque así ganó el *"espíritu de nuestra raza"* y se produjo *"la más fructuosa evolución del alma española"*[9].

Para poder fundar estos conceptos, Blasco Ibáñez apela a la historia argentina que interpreta a su modo, fiel reflejo de las ideas liberales de los que aquí fueron sus anfitriones. Se nota la influencia de la clásica visión de los opuestos civilización-barbarie, con la recurrida mención de Facundo Quiroga como exponente de la última[10]. Pero es gracioso ver cómo la fascinación que ejercen sobre él los aborígenes lo lleva a buscar salidas diplomáticas frente a tales opuestos en otros pasajes del texto. Así, cuando trata de la época colonial pretende hacer distinciones entre los señoríos del noroeste, similares a los del Alto Perú, y la *"homogeneidad democrática"* de las orillas del Río de la Plata.

7. P. 334.

8. P. 159.

9. P. 262.

10. P. 140, 141, 246.

La llegada de los colonos a tierras argentinas

Sus convicciones políticas y sociales hicieron de él
un atrayente orador

Admira el nivel alcanzado por los pueblos jesuíticos del nordeste, pero luego califica a sus misioneros como explotadores. Habla que los españoles aquí adquirían superioridad por vivir entre indios, aunque poco antes dice que la vida colonial en el Plata fue democrática desde el principio, ... claro que entendido como *"una especie de democracia superior, en la que todos los blancos eran iguales en derechos"*[11].

Cuando decide caracterizar las etapas de la vida argentina no utiliza hechos militares ni civiles, sino técnicos. Engloba así a un largo pasado a partir del cual se suceden cuatro cortes bien cercanos marcados por la aparición del ferrocarril, el transatlántico de vapor, el fusil Remington y los alambrados de los campos[12]. Aparecen entonces otras contradicciones entre el ideal socialista y la propiedad privada, entre la paz y la defensa armada. Aunque se escapa por la tangente al decir que la defectuosa constitución de la propiedad es el obstáculo principal con que ha tropezado la producción agrícola y que es necesario dividir los latifundios. En una segunda vuelta de tuerca agrega que los grandes propietarios son *"honrados pero indolentes"*[13].

A lo largo de las páginas uno ve cómo en todo momento trata de hacer compatibles enfoques encontrados y el de la raza vuelve una y otra vez. Como un punto a favor anota la extrañeza que causa a los que llegan el ver que en la Argentina son todos blancos[14]. Pero no deja de lado al aborigen diciendo (de sus mujeres) que *"la esbeltez característica de las razas inferiores, resultado tal vez de una existencia libre y errante, da a estas figuras el aspecto de Tanagras de viviente cobre"*[15]. Asimismo, en los epígrafes de las numerosas fotos de indígenas apela a las adjetivaciones de "Venus", "belleza", "doncella". Sin embargo, parece que siempre subyace su vieja idea de razas clasificables por estratos, en la que la ubicación geográfica es un factor determinante. Lo que anotara en sus primeras novelas sobre "los meridionales" aparece a lo largo de este libro, como para explicar no sólo las diferencias de blancos e indios, sino de los diversos grupos europeos entre sí[16].

Pero quizá lo más jugoso esté en lo atinente a las mujeres. Porque si bien en todos sus escritos trata de plantear la liberación femenina[17], parece que no supiera con qué verdad quedarse, si con la de las institutrices de altos intereses intelectuales y sobria -pero cuidada- vestimenta o con las damas elegantes, llenas de joyas y trajes a la última moda, aun en los lugares apartados[18]. Le llaman la atención las mujeres del Chaco *"con el rostro de una fealdad diabólica y el cuerpo gentil de elegantes curvas"*[19], así como lo fascina la mestiza correntina, *"tan graciosa y seductora"* especialmente entre los 15 y los 20 años, cuya armonía de líneas es *"tal vez superior a la de la mujer blanca"* y a la que dedica una detallada descripción[20].

Y como su intención primera fuera la de entusiasmar a los lectores con las posibilidades económicas de la Argentina, une los asuntos femeninos con los económicos y saca sus propias

11. P. 222.

12. P. 303, 316.

13. P. 130.

14. P. 74.

15. P. 80.

16. Por ejemplo de "lo meridional" español en *Sangre y arena*, y de "lo meridional" italiano en *Mare Nostrum*.

17. El mismo Blasco Ibáñez, como varios hombres que defendieron a las mujeres en el siglo XIX, fueron poco practicantes de sus propias doctrinas. Otro caso bien conocido es el de Augusto Comte.

18. P. 602.

19. P. 80.

20. P. 602.

21. P. 130. En esto también don Vicente se hace eco de las ideas liberales en boga, que decían que *"el mal de la Argentina es su extensión"*.

Blasco Ibáñez en su madurez junto a su esposa
Elena Ortúzar

El tema de la mujer asomó en sus conferencias
y escritos, como en varias de sus novelas

conclusiones. A aquella idea de que el mal para la producción agrícola era el latifundio[21], le agrega la de que la mujer de las clases *"superiores"* se ha encargado con su infatigable maternidad de borrar este defecto económico, ya que ha hecho que las heredades se fueran subdividiendo. Y como para que nadie olvide tales aspectos anota que el sentimiento de maternidad domina en la mujer argentina y que el porvenir de esta tierra *"reside en los flancos de sus hembras, y éstas cumplen valerosamente el deber patriótico, secundadas por la naturaleza"*[22].

También es interesante ver cómo caracteriza al argentino en general y cómo va haciendo comparaciones con el europeo. Porque si en el viejo mundo abundan los especialistas, el argentino está pronto a enterarse de todo. *"Su facilidad de asimilación, su prodigiosa retentiva le permiten hablar de todos los asuntos: su curiosidad se estremece y se abre con el ansia de novedades"*[23]. Blasco Ibáñez dice que lo importante para un país joven es desarrollarse *"así lo dirija un dictador, siempre que éste lo sea en sentido avanzado"*. Y Argentina podrá desarrollarse, porque así como en Inglaterra sobresale el marino, en Alemania el guerrero y en los pueblos latinos el artista, aquí descuella el colonizador[24].

Y junto a esto está su escala de valores. Se lamenta de que los resabios de nuestra educación tradicional nos hagan resaltar la pobreza y despreciar como vil al dinero. Entonces cuando habla del edificio de la Caja de Conversión dice que todo argentino debería hacer un saludo al pasar frente a él, porque allí está el oro, tan digno de entusiasmo como la bandera o la Pirámide de Mayo y porque allí reside *"una parte de la grandeza de la patria"*[25]. Podríamos así pasar revista a muchas de sus consideraciones, que no abarcan sólo a la Argentina sino a su propia visión del mundo, que se vuelcan en el álbum. Pero de todas ellas quisiera destacar algunas que se refieren al futuro argentino.

En un dibujo realizado por Pedraza[26] se nos muestra lo que sería en el futuro la ciudad de Buenos Aires. Si por un lado le vemos un cierto parecido con Barcelona, por otro lado llama la atención que Blasco se hallara tan imbuido del gusto por las ideas urbanísticas que entonces se catalogaban como "modernas". Se pone en evidencia el recurrido tema de las diagonales, así como las plazoletas con elementos ornamentales centrales. Se coloca una gran avenida que llega hasta la costa, que seguramente sería la extensión de la Avenida de Mayo -con la demolición de la Casa Rosada, algo que también estuvo en muchas mentes hasta dos décadas después-. Pero lo más notorio es la desaparición casi completa de las instalaciones portuarias, que por entonces no eran nada despreciables. Más raro resulta esto cuando el texto y las fotografías hacen hincapié en el grado de desarrollo del puerto y su constante actividad.

En cuanto al número de pobladores del país se quedó bastante corto, asignándole para el 2010 entre 18 y 20 millones, cuando estamos acercándonos a esta fecha con casi 40. Aunque en lo atinente a la propia capital fue más cauto y planteó sus ideas apenas como interrogantes, preguntándose cómo sería Buenos Aires cuando llegara a los cuatro millones y tuviera edificada toda su área municipal, previniendo que entonces la Avenida de Mayo y el Congreso -recientemente inaugurados- se verían como *"vejeces"* de un pasado pobre y mezquino[27].

Conclusiones

El libro tuvo sus aciertos y errores, para el propio Blasco y para sus profecías. Pero así como no consiguió el apoyo que esperaba para la edición, le sirvió como propaganda para sus empresas de colonización en Río Negro y Corrientes.

Su inmenso entusiasmo por estas tierras dio paso a otros viajeros españoles durante las primeras décadas de ese siglo y apoyo a compatriotas ya afincados aquí. Con el tiempo otros españoles elegirían este suelo para ganarse el pan y para buscar nuevos rumbos para su vida. No sería raro pensar que la lectura de *Argentina y sus grandezas* los hubieran influido, aun indirectamente.

Por eso, como dijimos al principio, éste no fue un álbum más entre los del Año del Centenario, sino la muy personal visión de don Vicente Blasco Ibáñez -novelesca en cierta medida- de este suelo que recorrió de punta a punta.

22. P. 440.

23. P. 432, 436.

24. P. 480.

25. P. 453, 455.

26. Véase dibujo en pág. 497.

27. P. 498, 500.

Las colonias valencianas de Blasco Ibáñez en Río Negro y Corrientes*

Dra. Arq. Liliana Lolich
CONICET

Las bondades de la vida campesina que el ilustre literato español reflejó con espíritu romántico en obras tales como *Arroz y Tartana*, *Cañas y Barro* y en sus *Cuentos valencianos* explican su entusiasmo por mejorar la vida de empobrecidos compatriotas. Su fe en la Argentina[1], enriquecida súbitamente gracias a su rol en la economía primaria[2], lo indujeron a confiar en su amistad con influyentes personalidades del gobierno para convertirse en colonizador[3]. Tras ser invitado para dictar una serie de conferencias, recorrió el país y, de ese modo, las grandes extensiones despobladas, los paisajes y las potencialidades para producir materia prima en abundancia, terminaron por conquistarlo.

Decidido a establecer una colonia en la Patagonia, en la habitación de su hotel en Buenos Aires comenzó a recibir las visitas del Dr. Garzón -Director General de Tierras y Colonias-, del estanciero Sánchez Sorondo, de representantes de la industria de maquinarias agrícolas casa Tossi de Milán y de Molinero, fabricantes de tractores roturadores, entre otros. Casi de inmediato recibió el ofrecimiento de tierras por parte del Dr. Juan R. Vidal, gobernador de la provincia de Corrientes, para la creación de otro asentamiento. El proyecto se amplió, entonces, dando origen a una verdadera gesta colonizadora.

Las colonias Nueva Valencia -en Corrientes- y Cervantes -en Río Negro, Patagonia Argentina- fueron concebidas como un aporte al crecimiento agropecuario del país. Diversas circunstancias internas y externas, sumadas a la falta de experiencia en el manejo empresarial, fueron determinantes para el fracaso de ambos emprendimientos. No obstante ello, perduraron los testimonios y la memoria de su paso por estas tierras.

Colonia Nueva Valencia[4]

Sus primeras impresiones de Corrientes se reflejan en sus descripciones de la arquitectura construida por "los súbditos de los reyes de Madrid" presente en las casas de un solo piso y largas galerías abiertas que él describe como "anchos aleros sostenidos por filas de postes" y adornadas por apretadas filas de macetas con flores. Cuestionaba la modalidad de repartir tierras entre quienes las solicitaban, proponiendo un sistema por el cual "vinieran agricultores extranjeros que podrían servir de maestros a los correntinos, ya que estos, visiblemente estaban dotados de gran facilidad de comprensión y asimilación"[5].

Cosecha de naranjas en la provincia de Corrientes

*. Buena parte del contenido de este artículo es resultado de las investigaciones realizadas por la autora en el marco del proyecto "Hábitat e identidad. Migrantes europeos en la Patagonia y litoral-norte argentino. 1860-1940" dirigido por el Arq. Ramón Gutiérrez, financiado por CONICET y publicado en la obra GUTIÉRREZ, Ramón; LOLICH, Liliana; BECK, Luis; VIÑUALES, Graciela; MULLER, Luis y SÁNCHEZ NEGRETE, Ángela. *Hábitat e inmigración. Nordeste y Patagonia.* Buenos Aires: CEDODAL, IIGHI CONICET; 1998.

1. El gobierno argentino contrató al afamado escritor valenciano para escribir una obra que exaltara las bondades del país en el marco de la celebración del centenario de la liberación del dominio español ejercido durante el Virreinato del Río de la Plata. Nos referimos al libro *Argentina y sus grandezas* impreso en 1910 en los Talleres Tipográficos J. Blass y Cía. de la ciudad de Madrid. Esta aparente paradoja formó parte de la voluntad de reconciliarse con España.

2. Tras el fallecimiento de su padre, Vicente heredó un importante capital que invirtió en la gesta colonizadora.

3. Sobre este tema, recomendamos consultar la obra LEÓN ROCA, J. L. *Blasco Ibáñez.* 4ª e. Valencia: León Roca; 1990. El autor refiere las relaciones entre el escritor español y personalidades tales como Roque Sáenz Peña, representante argentino en España y luego presidente entre 1910 y 1914, del presidente del Banco Español del Río de la Plata, de Emilio Mitre -director del diario *La Nación* de Buenos Aires- y de Figueroa Alcorta, quien también ejerció la presidencia.

4. Las referencias a la colonia Nueva Valencia están tomadas, en su totalidad, del artículo de GUTIÉRREZ, Ramón y SÁNCHEZ NEGRETE, Ángela. "La Colonia Nueva Valencia, provincia de Corrientes" en *Hábitat e inmigración. Nordeste y Patagonia.* Op. Cit. P. 107-116.

5. Citado *up supra*, p. 109. Corresponde al texto de MOGORT SOLANES, Felipe. "Blasco Ibáñez, colonizador" en *Caras y Caretas* 2081, XLI, Buenos Aires; 1938.

Carta remitida por Blasco Ibáñez a Juan R. Vidal, gobernador de la provincia de Corrientes
(CEDODAL)

Las tierras elegidas fueron las del "Rincón Lagraña", a unas 7 leguas de la ciudad de Corrientes, en la zona del Riachuelo, junto a una barranca que oficiaba de puerto natural facilitando, de ese modo, el transporte fluvial. Si bien estaban ocupadas por arrendatarios dedicados a talar árboles para hacer carbón, el gobierno no tardó en implementar su expropiación, declararlas de utilidad pública y contratar a Blasco Ibáñez para fundar una colonia dedicada al cultivo intensivo, en el marco de la ley de colonización. El contrato establecía la venta con una serie de condiciones, entre ellas, la de vender a sus colonos una extensión no menor de 2500 ha, instalar un sistema de riego, radicar una familia por cada 100 ha, contribuir a su radicación y proveerla de herramientas y semillas. Las mejoras exigidas debían realizarse en un plazo de 18 meses. A ello se sumaba, el compromiso de crear una escuela agrícola en la cual se capacitaría a los agricultores locales mediante prácticas de cultivo de nivel similar a las aplicadas en Europa.

Colonia Nueva Valencia en obras, publicada en el Diario *La Unión* de Corrientes. 1912. Abajo, portada de este número, dibujo de Rojas

La posesión se concretó el 20 de abril de 1911 y entre las 60 familias originarias figuran apellidos tales como Catalá, Costa, Diez, Escobar, Folguerá, Mogort, Morell, Ortega, Rodrigo, Térreas, Toledano y Vila, entre otros. Las dificultades financieras lo llevaron a asociarse con el fundador y director del Banco Popular Español de Buenos Aires, Maximino Ruiz Díaz. Algunos autores adjudican el fracaso del emprendimiento al irresponsable manejo de este último[6]. En 1915, un decreto gubernamental dio por vencida la concesión por incumplimiento de la parte empresarial y recién en 1921 la Suprema Corte de la Nación dictó una medida de no innovar ante el saqueo practicado por Ruiz Díaz. Hacia 1937 las tierras fueron adquiridas por la Compañía Arrocera Argentina y hasta 1956 las maquinarias instaladas por Blasco Ibáñez se mantuvieron en uso. Los restos de algunas construcciones, un mojón distinguible desde el río Paraná, una chimenea de ladrillo, entre otras marcas dejadas en el territorio, persistieron como mudos testimonios de esta utopía colonizadora.

Colonia Cervantes

La colonia patagónica reconoce sus orígenes en la ocupación efectiva de esa zona austral americana tras la conquista militar emprendida por el gobierno argentino con la Campaña al Desierto desarrollada a partir de la ley de fronteras que facultó al Poder Ejecutivo Nacional a avanzar sobre el territorio indígena. En concordancia con el espíritu dominante en la época, el escritor español formuló alabanzas a aquella "enérgica operación de limpieza" que nos liberó de esa "nube de langostas". Su desprecio hacia las culturas originarias lo llevó a considerarlas una "reserva de barbarie" frente a la cual la operación militar resultaba, a su juicio, ejemplar[7].

A pesar del tiempo transcurrido, el paso de Blasco Ibáñez por estas tierras (1909-1913) continúa siendo un tema polémico. Las ventajas obtenidas merced a su celebridad y a la amistad personal con las más altas esferas de la conducción nacional, son algo que muchos sufridos colonos tal vez nunca le perdonarán. Las limitaciones culturales, la distancia y la falta de conocimiento sobre el manejo de las atribuciones legislativas, impedían, a buena parte de ellos, el acceso a la propiedad de la tierra. Las mayorías criollas que labraban y ocupaban el suelo, incluidos los indígenas, quedaban reducidos a la calidad de "intrusos". El resentimiento, entonces, de quienes quedaron injustamente relegados, ha persistido a través del tiempo.

El peligro de un enfrentamiento con Chile aceleró el tendido del Ferrocarril del Sud, de capitales británicos, inaugurado en 1899. Esta obra mejoró considerablemente el problema de transporte y comunicación del norte patagónico con el resto del país. El tren corre paralelo al río Negro que une mar y cordillera ofreciendo amplios valles a la actividad agrícola. Su potencial económico y estratégico fue previsoramente aprovechado por la Corona Española en el siglo XVIII con la instalación del fuerte del Carmen, en su desembocadura atlántica.

6. Nos referimos a los estudios volcados en el artículo de MOGORT SOLANES. Op. Cit.

7. BLASCO IBÁÑEZ, Vicente. *Argentina y sus grandezas*. Buenos Aires: Institución Cultural Española; 1943. P. 33-34.

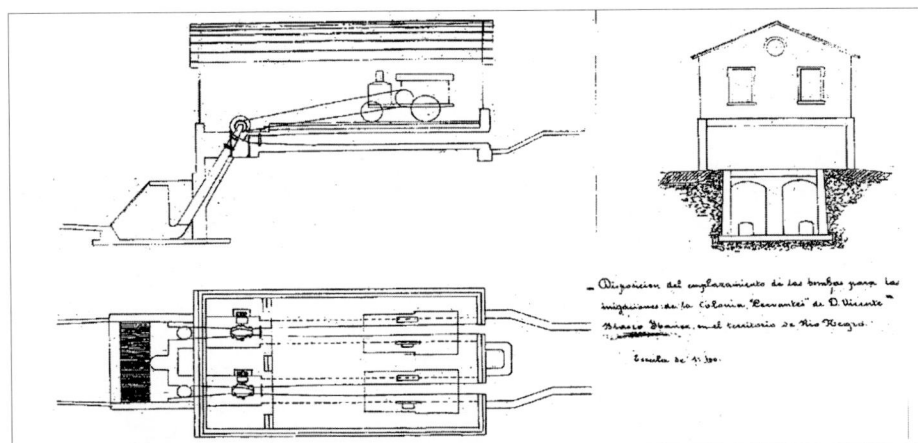

Colonia Cervantes. Plano de las casetas para las bombas de la primera elevación

Tras la mencionada campaña militar, el extenso recorrido del río dio lugar a la creación de un polo de desarrollo en cercanías de la confluencia de sus afluentes, los ríos Limay y Neuquén, con la instalación de la colonia General Roca, dentro de la cual quedó luego comprendida la colonia Cervantes. Sin embargo, el desarrollo agrícola sólo era posible mediante riego artificial. Si bien en 1910 se colocó la piedra fundamental para la construcción del dique Ballester, las obras de canalización resultaron insuficientes para satisfacer las demandas.

Entre las medidas de estímulo a la colonización, Exequiel Ramos Mejía -Ministro de Agricultura del Presidente Figueroa Alcorta- otorgó una considerable reducción en el valor de la tierra fiscal, para que el excedente se invirtiera en construcciones. Para ello los colonos debían constituirse en sociedades cooperativas. El 6 de octubre de 1909, en ocasión de su primer viaje a la Argentina, Blasco Ibáñez visitó el Alto Valle del río Negro en compañía de Carlos Gallardo -Gobernador del entonces Territorio Nacional del Río Negro-. Veinte días después y en compañía del propio Gallardo, se entrevistó con el Presidente de la Nación para solicitarle las tierras[8].

8. "El Sr. Blasco Ibáñez colonizador" en diario *La Nación*, Buenos Aires, 26 octubre 1909. P. 12, c. 1.

Colonia Cervantes. Restos del soporte de las bombas para riego y canales en la primera elevación

Estación Stefanelli, Río Negro, y desarme y traslado del edificio de administración (Archivo Diario *Río Negro*)

Por su amistad personal con los presidentes Figueroa Alcorta y Sáenz Peña comenzó a circular la versión de que se le otorgaría una extensión cuatro veces mayor que la que finalmente obtuvo y a un precio mucho menor que el establecido para el resto de las colonias, cosa que finalmente no sucedió[9]. Mediante decreto del 24 de septiembre de 1910 se determinó la concesión de 2500 ha al naciente de la Colonia Roca a un valor de $ 50 m/n la hectárea. El mismo decreto autorizaba la reducción del valor a $ 2,50 m/n por hectárea tras constituir una cooperativa de riego. La titularidad de las tierras sólo se otorgaría después de dos años de haber sido trabajadas y con determinadas condiciones. Un mes antes, Blasco Ibáñez había anunciado que su primera obra sería instalar una estatua de Miguel de Cervantes Saavedra realizada por Benlliure. Según León Roca a poco de llegar a Buenos Aires comenzó a planear las obras:

"Por aquí haré construir canales para que absorban las aguas del río Negro y puedan regar las dos leguas de tierras que dedicaré a cultivo intenso. Con ello se acabará el atraso en que viven estas sedientas y vírgenes tierras. ¿Ven ustedes esta línea de ferrocarril? Pues aquí se impone un apeadero, que en el futuro, cuando este territorio se halle intensamente poblado, llegará a ser estación populosa. Esto lo dedicaré a calles, donde se construirán las viviendas de los colonos. En el centro, la plaza principal (...) No faltará, con el tiempo, su casino, centro de reunión; su biblioteca, con sus periódicos de España y del país; su escuela, gimnasio, campos de deportes, etc."[10]

Siguiendo instrucciones de Blasco Ibáñez, Francisco Sampere -su editor en Valencia- había comenzado la campaña para atraer colonos a Río Negro y Corrientes. En ella figuraban aseveraciones tales como que en Río Negro los frutales dan manzanas y peras de 800 gramos a 1 kg de peso; que la alfalfa se reproduce con exuberancia y alcanza hasta 3 m de altura y más; que el río surte de agua con abundancia o que la fertilidad de la tierra hace prescindible el abono[11].

Poco después, por decreto del 4 de octubre de 1910, le fueron concedidos los lotes a Blasco Ibáñez y a treinta y cuatro colonos más. Se autorizó la constitución de la Sociedad Cooperativa Limitada de Riego de la Colonia Cervantes, presidida por él, con lo cual obtuvo la correspondiente reducción de costos. Hay una coincidencia total entre los nombres de los colonos integrantes de la Cooperativa, los adjudicatarios de las tierras, y los títulos de propiedad que se otorgaron con posterioridad, lo cual demuestra que el grupo humano se mantuvo durante el corto lapso que duró el proyecto. Así comenzó, al menos en los papeles, la historia de este pedazo de tierra rionegrina, bautizado con el nombre del más grande escritor español, por quien Blasco Ibáñez sentía una profunda admiración. Sin embargo, la empresa le depararía duras dificultades.

En su primer viaje para tomar posesión de las tierras debió refugiarse en "una vieja choza comprada a un viejo indio, único habitante de aquellos lugares." Allí contrajo una infección, a causa de la insalubridad general que una inundación reciente había producido en la zona. Debió enfrentar su enfermedad asediado de vinchucas, abundantes en la zona[12]. Las publicaciones disponibles dan cuenta de la llegada a Cervantes de entre veinticinco y treinta familias valencianas. Entre estas

9. "Blasco Ibáñez y sus valencianos colonos del Río Negro" en periódico *La Nueva Era* 444. Viedma, 16 octubre 1910. P. 3.

10. LEÓN ROCA, J. L. Op. Cit. P. 400.

11. Ibidem. P. 412.

12. Ibidem. P. 402.

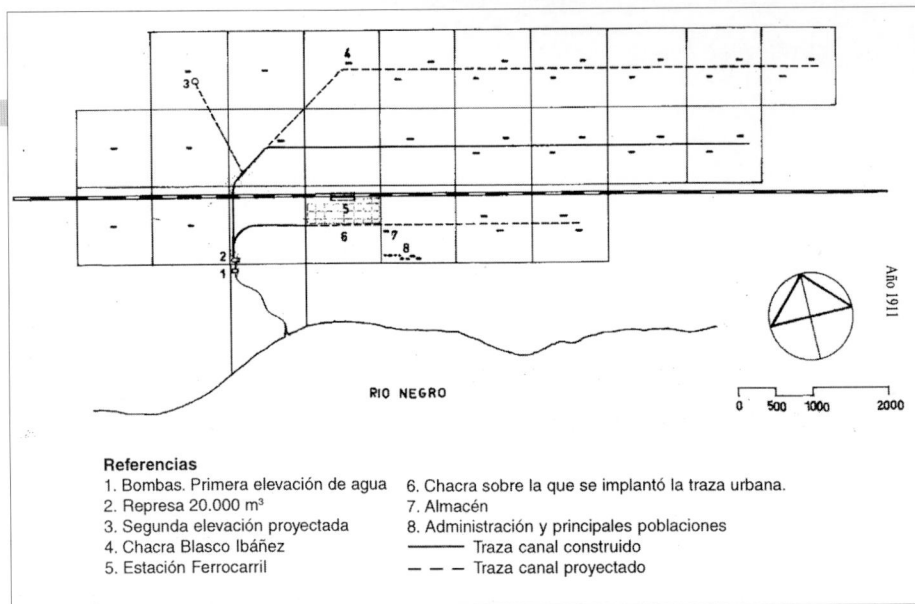

Referencias
1. Bombas. Primera elevación de agua
2. Represa 20.000 m³
3. Segunda elevación proyectada
4. Chacra Blasco Ibáñez
5. Estación Ferrocarril
6. Chacra sobre la que se implantó la traza urbana.
7. Almacén
8. Administración y principales poblaciones
——— Traza canal construido
– – – Traza canal proyectado

Plano de la Colonia Cervantes, 1911

familias se encontraba la de Vicente Polo Mestre, la de Ramón Gilbert y la familia Cervera[13]. De acuerdo a lo convenido, los inmigrantes pagaron sus propios pasajes. En Buenos Aires los esperaba un empleado de la empresa, el viaje al destino se hacía en tren, en segunda clase y era costeado por el gobierno.

Según lo prometido, contarían con una casa de tres piezas y cocina cuyas condiciones de higiene serían supervisadas por el Ministerio de Agricultura. Cada colono podría tomar de 100 a 300 hanegadas[14]; se le proveería arado, caballos o bueyes; herramientas e instrumentos de labranza y semillas; entre otras cosas. También recibiría víveres, ropa y muebles. Todo esto hasta la primera cosecha.

Si bien no hay precisión en cuanto a la fecha, se presume que el contingente de inmigrantes llegó a la zona entre los meses de marzo y abril de 1911. Arribó a la entonces estación Río Negro del Ferrocarril del Sud -hoy estación Stefenelli- distante 15 km al oeste de las tierras que venían a colonizar. El paraíso prometido resultó ser un inhóspito páramo, ventoso, salino, desolado y sin lluvias suficientes como para paliar la falta de riego. Las 35 cómodas viviendas resultaron ser construcciones precarias e insuficientes. Tan así fue que por un tiempo los recién llegados debieron alojarse en carpas provistas por el ejército.

Las tareas de limpieza, nivelación y riego del terreno fueron extremadamente duras. La abundancia de alpataco, arbusto de profundas y resistentes raíces, impedía el trabajo de las máquinas provistas por Blasco Ibáñez. A causa de ello fue necesario desmalezar a pico y hacha. Según testimonios de antiguos pobladores de la zona, en aquella época demoraban entre 4 y 6 meses en acondicionar para el cultivo cada hectárea de terreno. También con el agua experimentaron dificultades: cavaron 40 pozos en los que sólo obtuvieron agua salobre. Al ver que las obras encaradas por el Estado demorarían en beneficiar a estas tierras, Blasco Ibáñez trajo un equipo de bombeo Franco-Tosi Legnano: bombas centrífugas de 40 cm de diámetro con motores a nafta de 50 HP cada uno, capaces de impulsar 1225 litros por segundo a cinco metros de altura. No obstante, por las características cambiantes del río y la constante acumulación de arena, el equipo se anegaba y dejaba de funcionar. La imposibilidad de resolver este problema marcó el comienzo del fracaso.

Trazado de la colonia. Primeras obras

La traza elegida consiste en una trama ortogonal con su eje longitudinal paralelo al río. Dista 1134 km de la Ciudad de Buenos Aires y 17 km del centro de Gral. Roca, el poblado más próspero de la época. Las 2500 ha fueron distribuidas en once chacras de 100 ha cada una y veinticuatro parcelas de 50 ha cada una. El lote 328 hacía las veces de centro comunal ya que albergaba las instalaciones principales y la administración. Si bien el lote 316 no pertenecía a la colonia, obtuvieron autorización para instalar allí las bombas de riego. En el lote 317 construyeron una represa de 20.000 m³.

Un informe del año 1912 realizado por el inspector de la colonia nos permite conocer el estado en que se encontraban los trabajos, a un año de la llegada de los colonos. Entre los datos más relevantes destacamos la construcción de 21 casas de 4 x 9 m, con tres habitaciones con tabiquería interior de madera, cielorraso de madera, piso de tierra, paredes y techo de chapa galvanizada ondulada sobre estructura de pino tea y contaban con estufa o fogón. Por fuera las paredes

13. MAIDA, Esther L. "La colonización de Vicente Blasco Ibáñez y el contingente valenciano en el Alto Valle del río Negro. Formación de la Colonia Cervantes" en *Serie estudios y documentos* 3. Viedma: Centro de Investigaciones Científicas; 1971. H. 36. León Roca. Op. Cit. P. 420- hace mención, también, de Julio Cola como secretario y administrador de la colonia y autor del libro *Blasco Ibáñez fundador de pueblos*, al que no hemos tenido acceso.

14. Hanegada: fanega de tierra, equivalente a unas 65 áreas.

de las casas estaban pintadas de frescoral blanco y rojo el techo. Otras 16, de características similares, eran más pequeñas -4 x 8 m- y estaban construidas con paredes de ladrillo, lo que seguramente dejaba espacios interiores más reducidos.

Entre las instalaciones comunes, había una cocina; baño con piso de madera, bañadera, ducha e inodoro; despensa; habitaciones para peones; carpintería y depósitos; una "casa almacén" de 5 x 8 m; corrales; pesebres; pozos y un "motor a viento" (sic) que alimentaba un gran tanque de 13 m de diámetro[15].

En la chacra 328 estaba la casa principal y administración de la colonia. Este es el único edificio que se conserva. En el año 1977 se lo desarmó para trasladarlo y rearmarlo en inmediaciones de la estación Cervantes. Allí se lo destinó a Biblioteca y Museo. Mide 10 x 13 m, tiene tres habitaciones con dos corredores de pino tea y cielorrasos y pisos de tabla machihembrada. Las paredes exteriores son de chapa galvanizada ondulada, revestidas por dentro con tablas, también machihembradas.

Al cabo de dos años de trabajo había 2000 ha desmontadas, niveladas y sistematizadas y se habían cultivado 700 ha de alfalfa. Como vimos, estaban construidas las bocatomas a orillas del río e instaladas las bombas sobre un importante basamento de ladrillo cerámico macizo. El agua era distribuida por canales que -mediante un tendido en peine- cubrían las chacras de oeste a este. En total, los ramales y canales construidos cubrían una extensión de 37 km.

Se habían alambrado todos los perímetros de chacras y lotes, y todos los colonos tenían casa y pozo de agua. Para la mayoría de las obras edilicias y de irrigación se utilizó ladrillo cerámico común, fabricado a mano y a máquina y llegaron a producir un millón de piezas al año. Entre las obras en ladrillo cabe destacar la que ha trascendido como "la casona de Blasco Ibáñez", que se comenzó a erigir en la chacra 322 pero no se terminó. Del edificio sólo quedan restos ruinosos aunque se aprecia que el proyecto proponía tres plantas con un gran sótano y un mirador al que se accedía por una escalera caracol y desde donde el escritor soñaría contemplar sus plantaciones. La cubierta prevista era de teja de Marsella. El constructor habría sido un valenciano de apellido Santamaría. Sucesivas intervenciones demolieron parcialmente la casona y anexaron partes nuevas. Blasco Ibáñez tenía proyectado plantar barreras de árboles para proteger las plantaciones del castigo del viento, establecer industrias agrícolas, incorporar un sistema mixto de agricultura y ganadería -esta última como proveedora de estiércol- cultivar azafrán, instalar gallineros itinerantes, criadero de cerdos y fábrica de embutidos.

Fracaso y venta

En 1911 el literato español había solicitado el título de propiedad, argumentando que si bien no habían trascurrido los dos años que fijaba la ley, las obras realizadas superaban ampliamente los requerimientos oficiales. Lo necesitaba para acceder a un préstamo del Banco Hipotecario Nacional para paliar las dificultades financieras presentadas tanto en Cervantes como en Nueva Valencia. Los títulos le fueron otorgados a los dos meses. Sin embargo, cuando efectivamente se cumplieron los dos años, no se había conseguido un adecuado funcionamiento del riego. Como consecuencia de ello, la escasa producción no superaba los límites de subsistencia y los cultivos no alcanzaban el desarrollo suficiente.

Mientras tanto, los colonos radicados en Corrientes le habían iniciado una querella y exigían una indemnización de m$n 30.000 en concepto de daños y perjuicios. También en Cervantes los problemas iban en aumento. La mayoría de los colonos, decepcionados, abandonaron la colonia en busca de mejores oportunidades. No sólo no se vislumbraba una recuperación efectiva de la inversión sino que además las posibilidades de supervivencia eran cada vez más dramáticas.

Tras la quiebra de Ruiz Díaz, su socio en Corrientes, Blasco Ibáñez vendió las tierras de Cervantes con todas sus instalaciones y maquinarias a José María Rosa (h) -ex Ministro de Hacienda de los presidentes Roca y Sáenz Peña- en mayo de 1913. Rosa se hizo cargo de los m$n 30.000 a que ascendía la deuda hipotecaria y pagó al escritor, además, una cifra cercana a los m$n 700.000[16]. Sin embargo, recién el 13 de junio el escritor convocó a asamblea cooperativa para decidir la enajenación de los bienes. Se desconoce el destino final de los esforzados agricultores valen-

15. Expediente "Colonia Cervantes" 11398-S-1911. Ministerio de Agricultura. Dirección de Tierras. Fs. 21-51. Contiene el informe de Emilio Cornejo, inspector de la colonia, fechado el 19 de enero de 1912.

16. MAIDA, Esther L. Op. Cit. H. 35 y 39.

cianos que poco antes habían vendido todos sus bienes en España para sumarse al emprendimiento del escritor. Se supone que los que pudieron, regresaron a su país, mientras que otros, se habrían radicado en las localidades vecinas de Ingeniero Huergo, Mainqué y Gral. Roca.

Destino de la colonia

A pesar del éxodo de los colonos valencianos, en 1913 se inauguró la estación ferroviaria "Cervantes" en la chacra 324. La Sociedad "José María Rosa e hijos Ltda."[17] se transformó luego en la Sociedad Industrial y Rural de Responsabilidad Ltda. El nuevo propietario no hizo nada por continuar los trabajos iniciados por Blasco Ibáñez, muy por el contrario, se limitó a sacar de producción las tierras a la espera de que las obras de infraestructura emprendidas por el gobierno beneficiaran y valorizaran la propiedad. Recién en 1921 comenzó a funcionar el sistema de riego oficial, que incorporó las instalaciones construidas por los valencianos. Esto permitió la re-instalación de algunas familias y la recuperación de la colonia. No obstante, según Vapnarsky, hacia 1940 sólo había una decena de casas. El resto de las parcelas fue adquirido en bloque por los hermanos Saionz, empresarios de la zona, quienes continuaron con las ventas individuales[18].

Recién en los años 50 se realizó el primer tendido eléctrico y en la década siguiente se aprobó la provisión de agua corriente. La demora en la concreción de estas obras nos indica un proceso muy lento de consolidación. Hacia fin de siglo Cervantes contaba con una población de aproximadamente 5000 hab., cifra que casi duplica la registrada en el censo de 1970. Actualmente es una centro fruti hortícola en franco crecimiento. La actividad más importante es la producción de manzana con establecimientos frigoríficos y empacadoras.

Conclusiones

Desde 1898 se sabía que sólo era posible colonizar este valle mediante un sistema de riego integral. Por ello, aún quedan por resolver algunos interrogantes orientados a saber si Blasco Ibáñez fue engañado, si su empresa fue una aventura irresponsable o si sus buenas intenciones no lograron suplir la inexperiencia. Es razonable pensar que antes de promover su proyecto debió haber tomado los recaudos necesarios para asegurar cuanto menos un riego adecuado. Sin embargo, algo que seguramente no ponderó fue la repercusión que tendría su mensaje debido a su fama internacional y a su apasionada oratoria. Según sus propias expresiones, tanto en Nueva Valencia como en Cervantes, los colonos se apresuraron presentándose "inopinadamente y con antelación a lo previsto"[19], cuando se enteraron de la llegada de las máquinas a la colonia correntina "se lanzaron en bandadas como golondrinas"[20]. Pero, más allá de nuestras especulaciones intelectuales, lo evidente es el sufrimiento de los propios colonos valencianos y sus familias.

Los plazos de ejecución previstos para las obras no se cumplieron con el rigor necesario, los colonos no llegaron a disfrutar los beneficios y el sacrificio realizado no pudo ser compensado. El paraíso prometido por Blasco Ibáñez resultó ser, entonces, una dramática frustración colectiva. Paraíso que no careció de prensa ya que su obra fue difundida no sólo en los medios regionales sino también en los más importantes diarios del país.

Debido a estas particulares circunstancias y a la falta de información sobre el destino de aquellos colonos, no es posible obtener conclusiones de influencias culturales significativas. Si bien el trazado de la colonia muestra la presencia del modelo hispanoamericano no podemos considerarlo un antecedente original y propio de esta colonia ya que fue el modelo oficial adoptado en toda la zona, con independencia de la identidad cultural del grupo colónico. En cambio, es dable considerar la influencia ladrillera tanto para construcciones de viviendas como para obras hidráulicas. Especialmente si consideramos la antiquísima tradición heredada de los romanos y los acueductos que aún se conservan en España como valiosos testimonios de ingeniería hidráulica. Sin embargo, esta tecnología aparece acompañada de claros ejemplos de la arquitectura industrial inglesa en obras livianas recubiertas de chapa galvanizada con terminaciones de crestería. Esta elección estuvo determinada, sin duda, por la necesidad de abaratamiento de costos, tiempo de ejecución y las facilidades que brindaba la dominante presencia del ferrocarril británico en la zona. Salvo la tradicional afición por la música y el canto y las habilidades para trabajar la tierra, poco se sabe de las costumbres de estos colonos. La historia no se ocupó de ellos y las crónicas sólo registraron y siguen registrando las memorias del afamado escritor.

17. En 1908 José María Rosa (h) había integrado, como miembro fundador, la Sociedad Anónima Compañía de Tierras del Sud, junto a representantes de los intereses británicos en la Argentina y de la oligarquía terrateniente.

18. VAPNARSKY, César. A. *Pueblos del Norte de la Patagonia. 1779-1957.* Fuerte Gral. Roca: de la Patagonia; 1983. P. 171.

19. LEON ROCA, J. L. Op. Cit. P. 423.

20. MOGORT SOLANES, Felipe. Op. Cit.

Ignacio Zuloaga y Hermen Anglada Camarasa.
Presencia en el Centenario y proyección en la Argentina

Dr. Rodrigo Gutiérrez Viñuales
Universidad de Granada

Del paradigmático '98 a la Exposición Internacional del Centenario, Buenos Aires, 1910

El año de 1898, a la par de marcar para España la pérdida de las últimas colonias americanas, significó el inicio de nuevas relaciones entre la Península e Iberoamérica, jugando un rol fundamental el aspecto cultural. El debate de ideas propiciado por los literatos y pensadores de la llamada "Generación del 98", generó una particular reflexión sobre el papel protagónico que España debía recuperar en los países americanos, y para lo cual el intercambio cultural y artístico habría de propiciar un intento de "reconquista espiritual" del Nuevo Mundo[1].

En lo que respecta al arte y en especial a la pintura, la presencia hispana va a darse a través de la realización de numerosas exposiciones de arte español, individuales y colectivas, en los países americanos. En tal sentido, la Argentina va a convertirse en el terreno más fértil para estrechar los vínculos, ayudado por la convergencia de algunos factores decisivos como la gran masa de inmigrantes españoles que se habían radicado en el país en las últimas décadas del siglo XIX, la prosperidad económica que allí se vivía y, más específicamente, la aceptación de la que gozaba la pintura española.

Desde finales del XIX las exposiciones de arte español comenzaron a ganar un lugar de privilegio en Buenos Aires. Responsables de ello fueron los marchantes José Artal y José Pinelo, quienes vieron en el país un terreno apropiado para sus negocios[2]. La continuidad de las muestras generada por ellos, propició que numerosos artistas españoles pudieran presentar sus obras en las mejores salas de la calle Florida, centro neurálgico de las actividades culturales de la época, y alcanzar un nivel de ventas que no tenían ni siquiera en su propio país. Muchos de ellos, inclusive, decidieron su radicación en la Argentina. Año tras año fueron sucediéndose las exhibiciones organizadas por Artal y Pinelo en Buenos Aires sin que éstas, a pesar del éxito de ventas, influyeran decisivamente en los pintores locales. A pesar de la existencia de una prensa por lo general condescendiente con estas muestras, hubo críticos y artistas locales que opinaron que la mayoría de las obras presentadas eran de "segunda" categoría, no obstante haber firmas conocidas como las de Pinazo, Sorolla, Rusiñol o Meifrén.

Al llevarse a cabo los festejos del Centenario argentino en 1910, punto culminante en el reencuentro de la Argentina con España, momento en que los viejos rencores posteriores a la Independencia quedaron definitivamente sepultados, de gran magnitud resultó la Exposición Internacional de Bellas Artes celebrada como parte del evento. La sección española fue de las más destacadas y concurridas por el público argentino, resultando dos artistas en particular, Ignacio Zuloaga y Hermen Anglada Camarasa, verdaderos triunfadores, al punto que las nuevas generaciones de artistas de aquel país los tomaron pronto como ejemplos a seguir.

Ignacio Zuloaga. Tradición hispana al otro lado del Atlántico

Al momento del Centenario argentino, Ignacio Zuloaga era el artista más representativo del espíritu "noventayochista". El paisaje de Castilla y sus habitantes eran tema recurrente en su pintura, en la cual trascendía por encima de todo el sentimiento de la "España Negra", deprimida

1. Al respecto puede verse nuestro trabajo "El Hispanismo en el Río de la Plata (1900-1930). Los literatos y su legado patrimonial" en *Revista de Museología* 14. Madrid, junio de 1998. P. 74-87.

2. El estudio más exhaustivo que existe sobre el mercado de arte español en la Argentina es el de Ana María Fernández García titulado *Arte y Emigración: La pintura española en Buenos Aires, 1880-1930*. Oviedo: Universidad, 1997.

Cesáreo Bernaldo de Quirós. *Azules* (1914). Óleo sobre lienzo, 155 x 170 cm. Colección privada

y degradada por el paso de los siglos. Era el momento de auge de la pintura regionalista española, y muchos jóvenes artistas argentinos, visto su éxito en la muestra de 1910, se dirigieron a la Península, viajando por distintas comarcas para pintar paisajes y costumbres, manifestándose de una manera muy clara esa influencia de Zuloaga como la de otros maestros de su generación, tanto que al retornar a la Argentina, continuaron línea similar en la representación de la naturaleza y los tipos humanos de su propio país.

En el sentido señalado, fue ejemplar el caso de Cesáreo Bernaldo de Quirós, uno de los pintores más destacados que dio el arte argentino en la primera mitad del siglo XX. Hijo de padre eibarrés, fue notable en Quirós el interés que le produjeron Sorolla y Zuloaga, antes de dejarse seducir por la luminosidad del catalán Hermen Anglada Camarasa. En 1904 había pintado en la costa amalfitana y en Salerno. En sus lienzos de esta etapa se aprecia el claro influjo de Sorolla -en los temas de playa-, y el de Zuloaga en las figuras humanas, siendo modelos de Quirós para ejecutar estas obras personas enfermas, ciegos y deficientes mentales. Fue a partir especialmente de 1908, temporada en la que se radicó en Cerdeña, cuando se hizo evidente la pasión del artista argentino por Zuloaga. En la *tierra de venganzas*, como algunos conocían a la isla, Quirós ejecutó numerosas obras en las que plasmó una suerte de "Italia negra", similar a su homónima española. Cabe destacar entre ellas la titulada *"Ave de Presa (Zío Lino)"*, retrato de un anciano que le sirvió de guía por aquellas tierras. En ese año Quirós presentó algunas de estas composiciones en el Salón Parés de Barcelona, contándose entre ellas *"En la Romería"*, en la cual se reflejan ciertas similitudes con *"Las brujas de San Millán"*, notable cuadro que Zuloaga había ejecutado en los últimos meses de 1907, y con otros lienzos exhibidos por el vasco en la Exposición Internacional realizada en la capital catalana durante ese año. *"Las brujas de San Millán"* sería adquirido por el Museo Nacional de Bellas Artes de Argentina durante la celebración de la Exposición del Centenario en 1910.

Otro de los artistas argentinos en quien se reflejará el influjo de Zuloaga será Jorge Bermúdez, en obras como *"La dama del vestido verde"* y *"La maja"*, presentada esta en el Salón Nacional argentino de 1915 y en el que también son evidentes las reminiscencias de Manet. Una sonriente dama española, ataviada con mantón de Manila y con un abanico abierto sobre el pecho, aparece cómodamente sentada en un sillón y ligeramente recostada sobre almohadones. Detrás de la figura, un cortinado divide el salón de un paisaje exterior. *"La dama del vestido verde"* sigue lineamientos similares a lienzos del eibarrés como *"La cortesana del papagayo"*. Presentado en el Salón de 1917, el cuadro muestra también a la modelo en actitud de reposo, con la diferencia de que el ámbito espacial es en este caso uno solo.

Cuando en 1910 Zuloaga presentó 36 obras en la Exposición del Centenario, convirtiéndose así en el artista más representado de la muestra (el argentino Quirós fue, con 26 cuadros expuestos, el segundo artista en cuanto a cantidad de obras presentadas), venía de exponer en la Hispanic Society de Nueva York. Presentada entre marzo y abril de 1909, 70.000 personas habían visitado las salas que albergaban un total de 50 cuadros del artista vasco. Tras la presentación en la Hispanic Society, Zuloaga siguió su andadura por Estados Unidos en 1909, exponiendo en Buffalo y Boston. Al año siguiente, además de Buenos Aires, en donde fue galardonado con Gran Premio, México y Chile pudieron disfrutar de sendas exhibiciones.

El 11 de julio de 1910, poco antes de la inauguración de la Exposición del Centenario en Buenos Aires, se produjo el fallecimiento de Plácido Zuloaga, padre de Ignacio. La noticia corrió por el cable hasta América, originándose un malentendido, ya que muchos pensaron que era el pintor el fallecido. Los periódicos argentinos se llenaron de artículos necrológicos de Ignacio. *"La colonia vasca puso crespones en su local, se dieron detalles del supuesto entierro del pintor y se celebraron actos en la Argentina en honor del creído muerto; cuando la Exposición se inauguró, una solemne Comisión se apresuró a depositar, en homenaje inaugural, una corona de laureles con negros crespones en la sala donde se exponían las pinturas de Zuloaga"*[3].

Al tercer día de producido el tragicómico suceso, pudo recién saberse la verdad. Para ese entonces habíanse ya vendido cuatro obras del maestro. Zuloaga cablegrafió a Buenos Aires pidiendo a su agente que anulase aquellas ventas que se hubieran producido a causa de la noticia. Federico C. Müller, comisario de la sección alemana de la exposición y futuro marchante del pintor argentino Fernando Fader, comprador a la sazón de una de esas obras -casualmente de *"Vuelta de la vendimia"*, obra ejecutada en 1906 y que habría de ser adquirida para el Museo Nacional de Bellas Artes-, quiso rescindir el contrato, originándose un litigio, lo que es indicativo de que el agente de Zuloaga no tomó muy en serio la orden de su representado.

3. LAFUENTE FERRARI, Enrique. *La vida y el arte de Ignacio Zuloaga*. Madrid: Revista de Occidente; 2ª e, 1972. P. 106

Ignacio Zuloaga. *Retrato de Don Juan Girondo* (1911). Óleo sobre lienzo, 201 x 111 cm. Museo Nacional de Bellas Artes, Buenos Aires

Hermen Anglada Camarasa. *Retrato de Adelina del Carril de Güiraldes* (c.1922). Óleo sobre lienzo, 185,5 x 201 cm.
Fundación La Caixa, Palma de Mallorca

Tras su paso por Buenos Aires, el éxito artístico de Zuloaga tuvo su justa extensión en las compras que realizó la Comisión Nacional de Bellas Artes de algunos de sus cuadros, invalorable legado de que hoy disfruta el Museo Nacional argentino. Al citado lienzo *"Vuelta de la vendimia"* deben sumarse el también referido *"Las brujas de San Millán"* y *"Españolas y una inglesa en el balcón"*. Otras obras que quedaron en la Argentina en aquel entonces fueron *"Paulette la cupletista"* y *"Mi prima Cándida"*, en la colección Santamarina; *"Carmen"*, en la colección Semprún; *"El cómico Antonietti"*, en la colección Leloir, y *"El requiebro"*, en la colección de don José Artal[4].

En forma paralela, otros coleccionistas argentinos, interesados ya en las labores del maestro eibarrés, incrementaron sus pinacotecas con obras de éste. Se dio la circunstancia de que estas adquisiciones no se produjeron en Buenos Aires sino en París, lugar de residencia de Zuloaga y de numerosas personalidades argentinas que gozaron del contacto directo con el artista. Cabe citar entre ellas a Juan Girondo y José Santamarina, quienes además fueron retratados por el maestro. Fue justamente Girondo quien en 1911 le compró a Zuloaga el lienzo titulado *"Carmen la Gitana"*, cuadro que el vasco había ejecutado en Andalucía entre finales del XIX y principios del XX. Ambas obras, el retrato y la bailaora andaluza, habrían de ser donadas por Girondo al Museo Nacional de Bellas Artes de Argentina en 1933. Al ya señalado *"Retrato de Don Juan Girondo"*, realizado en 1911, deben agregarse los retratos de Adela Quintana de Moreno[5], sobrina del presidente argentino Roque Sáenz Peña, el de María Teresa Llavallol de Atucha, el de Sara Wilkinson de Santamarina, el de Antonio Santamarina, el de Lola A. de Santamarina, y el de José Santamarina. Los Santamarina solían organizar espléndidos banquetes en su residencia del "Quai Devilly" a los cuales asistían grandes millonarios, especialmente sudamericanos, y representantes de la nobleza europea. De esta serie de retratos ejecutados por el pintor vasco a personalidades argentinas, es sin duda el más conocido y sobresaliente el de Enrique Larreta, prestigioso literato y a la sazón representante plenipotenciario de la Argentina en la capital francesa. Realizado en 1912, se aprecia en él la figura del escritor argentino enmarcada por un notable paisaje de Ávila, la ciudad castellana en la cual transcurría, en tiempos de Felipe II, su famosa novela titulada *"La Gloria de Don Ramiro"*.

4. Datos extraídos del artículo de Serafín Oteo Hervias, "Zuloaga, pintor de raza" en *Eco de España*, 8 de julio de 1928.

5. Cuadro que, habiendo sido expuesto en el Salón de Otoño de París, fue donado por Zuloaga al Museo de Bilbao en 1915.

Tito Cittadini. *La caleta* (1916). Óleo sobre lienzo, 100 x 110 cm. Colección particular

Hermen Anglada Camarasa y Mallorca. Su significación para el arte argentino

Habíamos señalado con anterioridad, que junto a Ignacio Zuloaga el otro gran triunfador en la Exposición Internacional del Centenario argentino en 1910, había sido el catalán Hermen Anglada Camarasa. El impacto de éste tuvo reflejo inmediato tanto en compradores como en artistas que se hallaban en vías de formación y no tanto. Muy pronto, ya en 1911, acudieron a París, asistiendo al taller de Anglada, un grupo reducido pero destacado de americanos que conformaban, entre otros, los pintores Tito Cittadini, Rodolfo Franco, Jorge Bermúdez, Alfredo González Garaño y Gregorio López Naguil, los escultores Alberto Lagos y Gonzalo Leguizamón Pondal, y los literatos Ricardo Güiraldes y Oliverio Girondo, todos de Argentina. A ellos se unieron los mexicanos Roberto Montenegro, Dr. Atl, Jorge Enciso y Adolfo Best Maugard, frecuentando también las tertulias artísticas José Vasconcelos.

Conocido como el "grupo de la Rue Bagneux", estos artistas iberoamericanos se emparon de la estética decorativista de Anglada, de las corrientes de rescate de las artes primitivas orientalistas y africanas en boga en París, y de la estética de los Ballets Rusos. Hicieron de París una prolongación espiritual de América, fraguando el despertar americanista que haría eclosión en los años veinte. Con toda probabilidad tuvieron entre sí interesantes diálogos y largos debates en el sentido de propiciar, a través de sus propios lenguajes plásticos, una revalorización de las formas de las artes populares americanas y en especial del arte precolombino. En tal sentido no es casual que Best Maugard y Leguizamón Pondal desarrollaran a principios de los veinte, ya retornados a sus respectivos países, métodos de enseñanza de dibujo autóctono americano.

La mayoría de estos artistas, al estallar la guerra en 1914, mantuvieron su fidelidad a Anglada acompañándole a su retiro en Mallorca[6]. En torno a él se conformó una verdadera colonia de artistas americanos en la cual participaron temporalmente otros notables como los argen-

6. Los dos estudios más completos existentes sobre este tema son los de: MIRALLES, Francesc y SANJUÁN, Charo. *Anglada-Camarasa y Argentina*. Sabadell: Editorial Ausa; 2003; y LLADÓ POL, Francisca. *Pintores argentinos en Mallorca (1900-1936)*. Palma de Mallorca: Lleonard Muntaner; 2006.

91

tinos Luis Cordiviola (en 1914) y Octavio Pinto (residió en la isla entre 1918 y 1920) o los uru-guayos Andrés Etchebarne Bidart y Carlos Alberto Castellanos, quienes heredaban una tradición de presencia americanista que había dado anteriores y destacados frutos con la actividad pictóri-ca del uruguayo-mallorquín Pedro Blanes Viale y los argentinos Atilio Boveri, Francisco Bernareggi y Cesáreo Bernaldo de Quirós. Fue mérito de Anglada atraer a Pollensa, a esos artistas que fre-cuentaban su taller de la Rue Ganneron de París: los argentinos Gregorio López Naguil, Tito Cittadini -llegó en 1913-, Rodolfo Franco, Roberto Ramaugé, cuya retrospectiva más importante fue presentada en Buenos Aires en 1934[7]-, y el mexicano Roberto Montenegro -llegado en 1914 y que permaneció en la isla hasta 1919-. Acudió también a Mallorca Aníbal Nocetti, quien al con-trario que la mayoría, se inclinó por los tipos mallorquinos más que por el paisaje[8].

El interés de los artistas argentinos y de los otros americanos por Mallorca, se acentuó gradualmente hasta alcanzar su punto culminante durante los años veinte. Respecto de esta atrac-ción por la isla, José Francés señaló: *"esta sugestión pictórica de Mallorca sobre las cualidades visuales y sensuales de los americanos, y más concretamente de los argentinos, acaso dañe tanto como la otra sugestión literarizante de Vasconia sobre las cualidades sensoriales, a la cabal identificación emocional, al justo conocimiento etnográfico de España..."*[9].

El grupo de artistas de Mallorca logró consolidarse en la Argentina y en España. *"Tarde"* de Cittadini y *"Sol de abril"* de Bernareggi obtuvieron el Primer Premio en el *Salón Nacional* de la Argentina en 1921 y 1923, respectivamente; éste último artista logró asimismo el Premio Adquisición en 1926 con *"Casa payesa"*. El broche de oro fue la exposición internacional sobre Mallorca realizada en las salas del Retiro, en Buenos Aires, en julio de 1928, muestra a la que asis-tieron pintores españoles, argentinos, ingleses, alemanes y escandinavos; la misma significó el punto fuerte de un proyecto titulado *"Misión de Arte"* que comprendió también una serie de conferen-cias sobre figuras de la poesía mallorquina como Costa, Alcover y Alomar[10].

Cuando se ven las obras de los argentinos, reflexionó *La Prensa* en su edición del día 29 de aquel mes, *"en sostenida paridad con las del maestro e inspirador, Anglada Camarasa, adquieren tal importancia, que hasta parecería justo hacer de ese llamado "período de Mallorca"... un capítulo aparte en la historia de nuestras artes plásticas"*; esperamos con este estudio haber contribuido a escribirlo, y a brindar una nueva apertura a un tema singular del arte español del siglo XX, como es su estrecha y deci-siva vinculación artística con los países iberoamericanos.

7. CICOTTI, Francisco. "El pintor Roberto Ramaugé" en *Atlántida*. Buenos Aires, 14 de diciembre de 1933.

8. Ver: MARS. "Tipos mallorquinos por A. Nocetti" en *Augusta* 6. Buenos Aires, vol. I, noviembre de 1918. P. 339-340.

9. FRANCÉS, José. *El Año Artístico*. Madrid, 1923-1924. P. 61.

10. "La Missió d'art a l'Argentina" en *La Nostra Terra* 6. Mallorca, año I, junio de 1928. P. 209-210. Recomendamos la lectura de ALCOVER, Manuela. "La Misión de Arte a la Argentina" en *Actas del Congreso Internacional de Estudios Históricos "Las Islas Baleares y América"*, Palma de Mallorca, 1992. Esta autora ofrece un completo estudio sobre este acontecimiento artístico-cultural.

Gregorio López Naguil. *Bailarina* (1916). Óleo sobre lienzo, 160 x 107 cm. Colección particular

Escultores españoles en las conmemoraciones argentinas

Dr. Rodrigo Gutiérrez Viñuales
Universidad de Granada

"Primero y muy cuidadosamente debiera todo español artista preocuparse para buscar los medios convenientes a la desaparición de lo que hoy hemos dado en llamar problema hispanoamericano y que es en realidad, aislamiento. Debieran los artistas, en general agruparse, ya que para conquistar lauros y renombre, el Arte Español tiene en América innegable dador".
(Miguel Blay, 1916).

Introducción

La erección de monumentos conmemorativos en Buenos Aires, como lo fue también en otras ciudades, está indudablemente ligada a la creación de nuevos espacios simbólicos que sustentaran las ideas de la nacionalidad, concepto de gran vigencia a partir del siglo XIX. Con el paso del tiempo los mismos no solamente habrían de convertirse en hitos urbanos referenciales sino también en un medio visible de identificación del habitante argentino con los más altos valores de la historia patria. En ello, el Estado estaría llamado a ejercer un papel esencial, "homogeneizando" la memoria y "seleccionando los hechos" sobre los que habría de basarse su propio presente, como diría la historiadora mexicana Verónica Zárate refiriéndose a los monumentos de su país.

Para la época del Centenario, las autoridades argentinas promovieron la erección de numerosas estatuas en las calles, plazas y avenidas de Buenos Aires y de otras ciudades, ya que consideraron que era éste un acontecimiento propicio para que se hiciera justicia con una serie de personajes históricos que aun no contaban con efigie en bronce, en especial los miembros de la Primera Junta, y los congresistas de la Asamblea del año XIII y del Congreso de Tucumán. El punto culminante del monumentalismo del Centenario habría de ser indudablemente el Concurso, convocado en 1907, para el *Monumento a la Independencia Argentina*. Sería España la nación europea con mayor presencia en los eventos llevados a cabo con motivo del Centenario, guiada sobre todo por la necesidad de "reconquistar" espiritualmente a las naciones americanas, tras el largo siglo de división que siguió a las luchas por la Independencia. El aspecto monumental no habría de ser la excepción, aunque es necesario señalar la presencia de franceses e italianos, sobre todo, compartiendo protagonismo junto a españoles y también artistas locales.

El objeto del presente capítulo es destacar la presencia de escultores españoles en las conmemoraciones argentinas, dentro de un período en el que, utilizando un término del historiador de arte español Carlos Reyero[1], podríamos hablar de una Edad de Oro del monumento público. Si bien en los últimos años se han dado a conocer varios ejemplos de estatuaria monumental y funeraria firmados por renombrados artistas en ciudades y necrópolis argentinas, queremos referirnos a algunas obras y artistas de una manera sintética y selectiva dadas las lógicas limitaciones de espacio, que nos permita una lectura "hispánica" de la escultura monumental en el país[2].

Agustín Querol, Mariano Benlliure y Miguel Blay. Tres presencias insignes en la monumentalización argentina

Los primeros años del siglo XX están marcados en la Argentina, en lo político y en lo artístico-conmemorativo, por la celebración del Centenario de la Revolución de Mayo, que trajo consigo un aumento monumental en torno al recuerdo de la emancipación, por lo general a través de la convocatoria de concursos de amplia participación, como el convocado en Buenos Aires en

1. REYERO, Carlos. *La escultura conmemorativa en España. La edad de oro del monumento público, 1820-1914.* Madrid: Cátedra; 1999.

2. Para completar información y análisis, remitimos a nuestro trabajo *Monumento conmemorativo y espacio público en Iberoamérica.* Madrid: Cátedra; 2004.

Agustín Querol. *La Carta Magna y las cuatro regiones argentinas.* Buenos Aires, inaugurado en 1927. (Foto autor)

Agustín Querol y Mariano Benlliure. Monumento a Justo José de Urquiza. Paraná, inaugurado en 1920. (Foto autor)

1907. En este marco, la presencia española más sobresaliente le cupo al escultor catalán Agustín Querol, autor del monumento titulado *"La Carta Magna y las cuatro regiones argentinas"*, más conocido como *Monumento de los Españoles*, que fue el homenaje al país hecho por la colonia española radicada en la Argentina, en 1910. Este monumento es sin duda el más importante en la producción de Querol no solamente en cuanto a dimensiones sino también en lo que hace a la complejidad de detalles[3]. Los vaivenes sufridos por este monumento, cuyo primer percance fue justamente el fallecimiento del escultor tarraconense, fueron tantos que no fue posible su inauguración sino hasta 1927, es decir diecisiete años después de la fecha prevista.

Aunque hoy no concebiríamos la Buenos Aires monumental sin esta obra, no fue para nada fácil el proceso de erección de la misma. Fueron varias las circunstancias que hicieron que esto ocurriera, entre ellas la señalada muerte del propio Querol en 1909. Quedó entonces con el encargo otro catalán, Cipriano Folgueras, que también murió, en 1911. En ese mismo año renunció quien había sido designado director técnico de las obras, el arquitecto Julián García Núñez. Una huelga en Carrara, en 1913, retrasó el envío del material a Barcelona, donde iban a ejecutar la obra los sucesores de Querol. En septiembre del año siguiente una tormenta le partió el brazo izquierdo a la figura principal. En febrero de 1916 se embarcaron las figuras en bronce del monumento en Barcelona, en el vapor *Príncipe de Asturias*, naufragando éste frente a las costas del Brasil al mes siguiente. Peripecias posteriores harían que se retardase la inauguración del monumento[4].

Otro de los monumentos que habría de sufrir vicisitudes adversas fue el dedicado al General Justo José de Urquiza, también encargado a Querol y del que éste sólo llegó a realizar el basamento. El proyecto fue continuado por el valenciano Mariano Benlliure quien diseñó y ejecutó la estatua ecuestre que corona el conjunto, inaugurado en Paraná (Entre Ríos) en 1920. Querol llegó a proyectar otros monumentos en Argentina que nunca llegaron a realizarse; el primero de ellos fue el dedicado en Buenos Aires a Bartolomé Mitre, para cuya realización se cursaron invitación directa al catalán, al francés Jules-Félix Coutan, autor de varios monumentos en la ciudad, y al italiano Davide Calandra, quien fue el elegido por la comisión designada a la sazón. Fallecido este artista en 1915, la ejecución quedó a cargo de su compatriota Edoardo Rubino, inaugurándose finalmente el monumento en julio de 1927.

En lo que respecta a Benlliure, habría de ser, posiblemente, el más importante de esta generación de artistas, de cuantos proyectaron y realizaron trabajos monumentales para América.

3. En Buenos Aires se conserva también de Querol el grupo en mármol titulado *"Sagunto"*, en el que se ve a una madre, que acaba de sacrificar a su hijo, clavándose un puñal en el pecho, y *"La tradición"*, éste en el Club Español.

4. Cfr.: *Monumento de los Españoles. Memoria de la Comisión Española del Centenario Argentino.* Buenos Aires: 1927. P. 120-133.

Mariano Benlliure. Monumento a Bernardo de Irigoyen.
Buenos Aires, inaugurado en 1934.

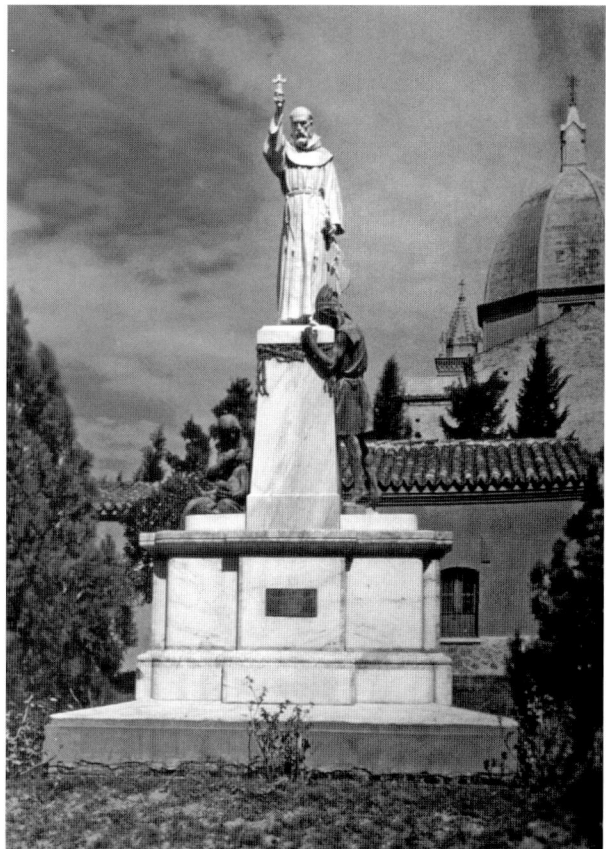

Miguel Blay. Monumento a San Francisco Solano. Santiago del Estero
(Foto Montaña. Archivo CEDODAL)

En Buenos Aires se conservan los dedicados a Velázquez (1899) y Bernardo de Yrigoyen (1934). Asimismo proyectó un monumento a Roque Sáenz Peña (1925) y al "maestro de escuela". Otras realizaciones y diseños suyos fueron un Jarrón decorativo dedicado por la Municipalidad de Buenos Aires a España (1900) y un proyecto de fuente (1910), como también *"La bailaora"* que se halla en el Club Español de Buenos Aires.

El tercer escultor español en importancia de cuantos realizaron monumentos en Argentina, fue el catalán Miguel Blay. Si bien es cierto que sus obras se centraron fundamentalmente en el país y en Uruguay, una de sus realizaciones más recordadas, realizada junto a Benlliure, fue el monumento a Vasco Núñez de Balboa, en Panamá (1924). Blay fue uno de los escultores que más presencia tuvo en la Argentina durante la primera década de siglo, participando en el importante concurso para dotar a Buenos Aires de un monumento a la Independencia, en donde obtuvo un muy honroso tercer puesto, y recibiendo, entre otros encargos, la estatua de Mariano Moreno, comprendida dentro del ambicioso plan oficial del Centenario. Este monumento quedó incompleto respecto del proyecto original, ya que no se añadieron las esculturas de bronce que alegorizaban el genio de Moreno, su espíritu de justicia y su espíritu democrático[5] que debían integrarse casi dos años después de su inauguración en mayo de 1910.

Otras obras de Blay que se encuentran en Buenos Aires son la réplica en mármol de *"Últimos fríos"*, una de las obras más reputadas del catalán en España, galardonada con Medalla de Oro en la Exposición Nacional de Madrid (1892) y con el Premio Extraordinario en la Segunda Exposición General de Bellas Artes de Barcelona (1893); se halla en el Jardín Botánico. Más importantes aun, por su originalidad, son el gran relieve dedicado *"La intelectualidad y el trabajo"* que se encuentra en el Club Español, el retrato a Carlos Casado del Alisal y los bustos de los fundadores de la Facultad de Medicina, Cosme Argerich, Michael Gorman y Pierre Fabre (1920-1925). Un boceto en yeso del monumento a Moreno se encuentra en colección madrileña[6].

Siguiendo con Blay, en Santiago del Estero se encuentra el poco conocido monumento de San Francisco Solano, mientras que en Tandil se halla el retrato sedente de Ramón Santamarina (1914), destacado hacendado y comerciante. Ambas obras comparten como característica el no ser tipologías habituales de las que podían hallarse en los espacios públicos argentinos en esa época, que conmemorara como en estos casos, respectivamente, a un religioso y a un hombre de negocios.

5. "Ampliación del monumento a Mariano Moreno" en *Atlántida* 6. Buenos Aires, t. II, 1911. P. 408.

6. FERRÉS Y LAHOZ, P. *Miquel Blay i Fàbrega, 1866-1936.* Segovia: Caja Segovia; 2001. P. 26-27.

Acerca de dos escultores catalanes radicados en Argentina: Torcuato Tasso y José Cardona

Torcuato Tasso. Relieve de la batalla de San Lorenzo, 1813. Monumento a San Martín. Corrientes, inaugurado en 1904. (Foto autor)

Empezaremos mencionando en este apartado la trayectoria argentina de Torcuato Tasso i Nadal, cuya obra principal en España, antes de marchar a América es el conocido monumento al pintor Antoni Viladomat en el Passeig de Sant Joan, en Barcelona; participó en la decoración del Arc de Triomf (1888) de la Ciutadella, con la alegoría titulada *"La apoteosis de las Artes y las Ciencias"*, siendo asimismo autor de numerosas obras en la misma ciudad y en Badalona[7]. No conocemos con certeza las causas que motivaron la partida de Tasso a la Argentina, aunque no dudaríamos en afirmar que una de las principales fueron los numerosos encargos que le garantizaba este traslado; sabemos, sí, que su llegada se produjo a mediados de 1899 y que desde ese instante trabajó sin solución de continuidad, no sólo en obras de pequeño formato[8] sino que, de manera gradual, en monumentos públicos.

El primero parece haber sido un proyecto de monumento a fray Cayetano Rodríguez, pero indudablemente los que vinieron a continuación y que fueron cristalizados, fueron los más importantes. Por un lado los pedestales para los monumentos a San Martín en Santa Fe (1902) y Corrientes (1904), pero sobre todo el grandioso conjunto erigido en el Campo de la Cruz, en la norteña ciudad de Salta, en conmemoración a la batalla librada por el ejército patriota en esa ciudad en 1813. En cuanto a los basamentos citados, los mismos estaban destinados a sostener sendas réplicas del monumento ecuestre al Libertador emplazado en Buenos Aires en 1862, obra del francés Joseph-Louis Daumas. Tasso recurrió en ambos casos a la misma solución, tallando enormes bloques de granito provenientes de la cordillera de los Andes, añadiendo aplicaciones decorativas en bronce y relieves en el mismo material. En el caso del monumento santafesino, la alusión simbólica a los Andes, los cuales cruzó San Martín para libertar a Chile, se potencia con la presencia de un cóndor labrado en la misma piedra[9]. En el pedestal correntino, agregó relieves historiados de dos de las batallas más significativas de la gesta sanmartiniana, entre ellas la de Maipú.

Antecedió como proyecto a estas obras el citado monumento a la Batalla del 20 de febrero en Salta, cuyas dimensiones hablan a las claras de su importancia: 22 metros de altura, siendo la base, cuadrada, de 26 metros de ancho. El mismo fue realizado con granito gris de las canteras salteñas, y toda la parte escultural en bronce. No cabe aquí espacio para mencionar los múltiples encargos recibidos por Tasso en la Argentina, dada su prolífica labor tanto en Buenos Aires como en ciudades del interior del país, por lo que solamente reseñaremos las más notables. En la capital, a los señalados, podríamos añadir la estatua del poeta Esteban Echeverría, introductor del romanticismo en la Argentina, inaugurada en el Parque Tres de Febrero en octubre de 1907 y trasladada más adelante a la intersección de las calles Florida y Marcelo T. de Alvear, y sobre todo la del doctor Juan José Paso, inaugurada en 1910, y que formó parte del mismo plan monumentalista que dotó a la ciudad del monumento a Moreno realizado por Blay al que aludimos con anterioridad. La misma fue realizada en bronce, sobre pedestal de granito, completando el conjunto una alegoría de *"La Elocuencia"* en mármol de Carrara. De los monumentos realizados por el catalán en el interior, además del señalado de Salta, podríamos citar el dedicado a la *"Patricia Argentina"*, en la Plaza Gregoria Pérez de la ciudad de Paraná.

Coterráneo de Tasso, Juan José Cardona Morera, formado en la Escuela de Artes y Oficios de Barcelona y junto a los Vallmitjana, también marchó a Argentina seguramente atraído por las posibilidades de trabajo que aquel país podía asegurarle. Esta llegada se habría producido en torno a 1910. No le faltó razón en la elección ya que muy pronto gozó de encargos oficiales y privados, siendo los principales indudablemente el monumento al General Juan Esteban Pedernera en la ciudad de Corrientes (h.1911) y el mausoleo de don Marco Avellaneda en el porteño cementerio de la Recoleta (1913), coronada por una alegoría del Dolor. Como era habitual con los escultores catalanes que triunfaban en el extranjero, *La Ilustración Artística* de Barcelona se hizo eco de los triunfos de Cardona, lo mismo que otras publicaciones de la época[10]. Cardona fijó su residencia en la ciudad de Mendoza, realizando allí numerosos monumentos como el dedicado a Manuel Belgrano, el monumento al Obrero y el placatorio de *"El Paso de los Andes por el General San Martín"*, monumento ubicado en el Cerro de la Gloria[11].

7. Cfr.: SUBIRACHS I BURGAYA, Judit. *L'Escultura del segle XIX a Catalunya*. Barcelona: Publicacions de L'Abadia de Montserrat; 1994. P. 158-159.

8. Un artículo de la época cita como primera obra un busto de *"Salomé"* realizado en barro americano, añadiendo mención a un retrato del diplomático chileno Enrique Deputrón y una placa conmemorativa de Emilio Castelar. (O. "Tasso" en *La Nación*, Buenos Aires, 4 de diciembre de 1902).

9. SOLSONA, Justo. "Monumento a San Martín" en *La Ilustración Artística* 1101. Barcelona, t. XXII, 2 de febrero de 1903. P. 94.

10. "Crónica del Centenario. Monumento a Pedernera y a Pringles" en *Atlántida* 14. Buenos Aires, t. V, 1912. P. 267-270; MONNER SANS, R. "José Cardona" en *La Ilustración Artística*, 1572. Barcelona, t. XXX, 12 de febrero de 1912. P. 123.

11. Datos aportados por Celia Elizabeth García.

La era de las nostalgias. Construcción de un imaginario español para América y un imaginario americano para España

Arq. Ramón Gutiérrez
CONICET, CEDODAL

La idea de expresar a través de la arquitectura circunstancias de orden social, económicas y políticas configura una de las más interesantes potencialidades que han utilizado los Estados y también sectores dominantes en la sociedad para concretar sus ámbitos de presencia en diferentes tiempos históricos.

Nos interesa en esta ocasión abordar la propuesta de proyección de España que busca un espacio de identificación a través de su arquitectura señalando en distintos momentos las adscripciones que testimonian sus arquitecturas más prestigiadas o de fácil identificación. No se trata tanto de una política sistemática sino de una manera de verse y reflejarse, sobre todo en relación a los países que fueron sus antiguas colonias y que han sido objeto de nuevas experiencias de colonización por parte de otras potencias europeas, fundamentalmente Inglaterra en lo económico e Italia y Francia en lo cultural.

En este sentido es conveniente recordar que España había ejercido, en la segunda mitad del siglo XVIII, como consecuencia de la acción del "despotismo ilustrado" un control coercitivo sobre las modalidades de producir arquitectura afectando los gustos barrocos de la sociedad americana que los habían integrado en una suerte de "mestizaje cultural" al mundo indígena y criollo[1]. Esta suerte de "segunda conquista" fue llevada adelante por la Real Academia de San Fernando de Madrid, con plenos poderes para aceptar o proponer todos los proyectos que se hicieran para edificios públicos y religiosos en América. Ni siquiera los miembros de la Real Academia de San Carlos creada en México (1785), procedentes de las propias Academias de Madrid o de Valencia, tuvieron potestad de diseñar y construir sin el acuerdo madrileño. El resultado fue lamentable: ningún proyecto presentado desde América fue aprobado en Madrid y ningún proyecto enviado desde Madrid fue construido en América. Una "máquina de impedir" perfecta actuante por varias décadas, que contribuyó al malestar americano que culminaría en la independencia[2].

Lo que sí fue claro es que esta política significaría la destrucción de las organizaciones gremiales, principales sectores dinámicos de la producción arquitectónica y la imposición del "nuevo gusto" neoclasicista, el que sería continuado luego de la independencia por los arquitectos italianos y franceses que reemplazaron a los ingenieros militares españoles y al puñado de arquitectos académicos que alcanzó a radicarse en América.

A partir de este momento es necesario aceptar que no siempre la presencia española fue homogénea. Por una parte hubo lugares de fuerte rechazo y reclamos de *"terminar con la arquitectura de los godos"* como planteaba el francés Boudier en Buenos Aires hasta la permanencia que durante todo el siglo XIX esta arquitectura neoclásica tuvo en Cuba y Puerto Rico como continuidad de la dominación española[3].

España busca un nuevo espacio en América

La línea que España ensaya con éxito en una primera fase fue el historicismo. La crisis del clasicismo, agotado en la reiteración y en las sutilezas de los manejos de la École des Beaux Arts con sus permanentes retoques que caracterizarían a las manifestaciones de los sucesivos reinados borbónicos y sus respectivas regencias e imperios, llevaría a una fase inicial de eclecticismo. Esta primera instancia sería capaz de asumir la mezcla de elementos arquitectónicos prestigiados con independencia de su procedencia[4].

Los hermanos García Naveira regresaron de la Argentina a Betanzos (Galicia)

1. GUTIÉRREZ, Ramón (Coord.). *Barroco Iberoamaricano. De los Andes a las pampas.* Barcelona: Lunwerg; 1999.

2. GUTIÉRREZ, Ramón y ESTERAS, Cristina. *Arquitectura y fortificación. De la ilustración a la independencia americana.* Madrid: Tuero; 1993.

3. DE PAULA, Alberto y GUTIÉRREZ, Ramón. *Santiago Bevans y Carlos Enrique Pellegrini. La encrucijada de la arquitectura argentina. 1810-1875.* Resistencia: UNNE; 1974.

4. GUTIÉRREZ, Ramón. *Arquitectura y urbanismo en Iberoamérica.* Madrid: Cátedra; 1983.

Casa de Juan García Betanzos en Betanzos, 1900

Escuela de los García Naveira en Betanzos, 1914

Ello abrió la compuerta a una segunda faz caracterizada por dos hechos importantes uno el del "historicismo" y otro el del "regionalismo". La amplia cantera de la historia posibilitó la utilización masiva de un repertorio formal que incluyó la vertiente arqueologista que ya había ganado espacio en la recuperación de lo clásico y que ahora se abría hacia el medio oriente e inclusive, en generoso gesto al oriente y a los períodos prehispánicos.

A España la apertura historicista le calzaba perfectamente. Por una parte tenía un imaginario propio indiscutible en la arquitectura "neomudéjar" y además podía exhibir sin contrapesos los grandes testimonios de su arquitectura islámica. No se trataba meramente de las obras que el propio estado español realizaba, como puede ser el Pabellón de la Exposición de Viena de 1873, sino también aquellas obras que los ciudadanos españoles o americanos volcados a la hispanofilia manifestaban en sus construcciones. La obra de la llamada "Alhambra" del chileno Aldunate en Santiago de Chile en 1862 testimonia esta segunda faceta de adscripción voluntaria al imaginario hispano.

Siguiendo los lineamientos de la arquitectura académica, cada obra debía manifestar su carácter. El gótico y el románico se privilegiaron para el diseño de nuevos templos; los castillos medievales para edificios que tuvieran que dar una imagen de seguridad como cárceles y cuarteles militares. Lo lúdico y romanticista se manifestó en varios jardines botánicos donde se distribuyeron bucólicas ruinas grecoromanas; mientras los exotismos del neoegipcio, en razón de su gravitación funeraria, eran destinados a los cementerios y otros orientalismos como el neohindú encontraban sitio en parques zoológicos para albergar animales.

El neoárabe como expresión externalizada de lo español

Las obras del neoárabe se encuadrarían inicialmente con predominancia en la arquitectura efímera (pabellones, kioskos, templetes) o se volcarían sobre temas vinculados a las tradiciones árabes como las casas de baños. Pero también estas premisas fueron rápidamente superadas por la exitosa demanda y la adscripción formal del neomudejarismo que llegaría a los Palacios urbanos y rurales, a las estaciones ferroviarias, a los espacios lúdicos (hípicos y los más emblemáticos de las plazas de Toros) y a conjuntos de equipamientos urbanos de diversa funcionalidad (fuentes, relojes, etc.).

En rigor estas manifestaciones arquitectónicas reconocen no solo varias vertientes sino también una amplitud de uso bastante extendido en el tiempo. Por una parte hemos mencionado aquellas líneas historicistas que se identifican con la arquitectura islámica paradigmática, sobre todo con La Alhambra de Granada, la Mezquita de Córdoba o el Alcázar de Sevilla, vertiente ésta que podemos definir como "neoárabe". Sin embargo no dejarían de tener una presencia relevante otras expresiones como las del "neomudejarismo" tal cual lo venía desarrollando en Madrid, entre otros, el arquitecto Rodríguez Ayuso y cuyo tratamiento estructural y decorativista del ladrillo se compatibilizaba con un conjunto de obras vinculadas a la tradición funcional de los nuevos equipamientos ferroviarios y portuarios.

La diferencia entre ambos conceptos la precisa Antonio Bonet Correa, es *"la que existe entre la copia y mera imitación de un modelo histórico y prestigioso y la creación de un estilo capaz de ser aplicado a las distintas tipologías edificatorias modernas. Lo neo-árabe pertenece al mundo del "pastiche", al capricho y al gusto por lo singular, propio para crear un ambiente virtual, de sugestivas apariencias, próximas a la escenografía. Frente al neo-mudéjar, de vocación estructural y racional, con una fuerte carga tectónica, las obras neo-árabes son mas bien decorativas, una especie de tramoya, un artificio teatral..."* [5]. Javier Hernando, a su vez, enfatiza el papel que juega en el neomudéjar el trabajo del ladrillo, relativizando su faceta decorativista y rescatando su interés por la lógica estructural: *"Este material constructivo se convierte por tanto en factor inherente al neomudéjar, lo que no sucede en ningún otro historicismo"* [6].

Ambas vertientes se encuadraban en el sustrato romántico y arqueologista que presidía la propuesta de José Amador de los Ríos, en cuanto concebía al "mudéjar" histórico como el posible *"estilo nacional"* para España, en tanto expresaba el *"mestizaje cultural"* y la síntesis de lo musulmán, lo judío y lo cristiano[7].

También es preciso entender que esta atmósfera romanticista del XIX estaba signada por la admiración por lo exótico y dentro de ello el orientalismo tendría un lugar de privilegio. Los mismos viajeros que recorrían América buscaban en sus pinturas o fotografías documentar aquellos rasgos del paisaje o de la vida cotidiana, el costumbrismo, que mostrara las diferencias con el modo de vida europeo. En este sentido la imagen "islámica" se había difundido por las corrientes romanticistas a través de los grabados de libros y las revistas ilustradas e inclusive por las obras pictóricas de Genaro Pérez de Villaamil y Mariano Fortuny que tenían gran repercusión.

El "neoárabe" como imaginario institucional español en América

En América el imaginario del "neoárabe" recaló fuerte en las instituciones de la colectividad española. Obras paradigmáticas como el Club Español de Iquique (Chile), construido en 1904 por Miguel Retornano incluye en su interior, además de un interesante juego de planos que definen y compartimentan espacios con arcos moriscos una recargada decoración que no se priva de azulejos, pinturas murales y estucos policromados y una serie de lienzos sobre la vida del Quijote (1908).

En 1912, en Buenos Aires, el arquitecto holandés Enrique Folkers ganó el concurso para el Club Español donde incluyó un subsuelo denominado "Salón Alhambra", cuyas paredes fueron pintadas por el matrimonio de artistas compuesto por el argentino Francisco Villar y la francesa Léonie Matthis, que se habían conocido dos años antes en Granada. Se trataba de una visión panorámica de la ciudad, desde el mirador de San Nicolás, que abarcaba un radio de 360°.

Con motivo del Centenario de la Independencia (1921) la colectividad española en el Perú donó un pabellón morisco que se exhibió en el Parque de la Exposición destacando el enorme arco de herradura con decoración bicroma a la manera de los arcos de la Mezquita de Córdoba. Este arco, fue reconstruido en el año 2000 dotándoselo de un atrio perimetral.

Otro campo temático donde el "neoárabe" se manifestó con fuerza fue en la construcción de las plazas de toros, tomando el modelo madrileño de Rodríguez Ayuso y Álvarez Capra (1874). En el caso americano cabe recordar la Plaza del Real de San Carlos, cerca de Colonia,

5. BONET CORREA, Antonio. "El estilo Neoárabe en España". Madrid: 2003.

6. HERNANDO, Javier. *Arquitectura en España, 1770-1900.* Madrid: Cátedra; 1989. P. 247.

7. RODRÍGUEZ BARBERÁN, Francisco Javier. "Arquitectura historicista y ecléctica en la España del siglo XIX: breve resumen de tendencias, obras y autores" en AAVV. *Martín Noel, su tiempo y su obra.* Sevilla: Junta de Andalucía; 1995.

en Uruguay (1909), y la de Santa María de Bogotá, obra del arquitecto español Santiago Mora en funcionamiento desde 1931[8]. La de San Carlos en el Uruguay se justificaba en la prohibición de las corridas de toros dispuestas en Buenos Aires pero en 1912 también se prohibieron en el Uruguay y la Plaza con su estructura de hierro y sus grandes arcos "neoárabes" quedaría abandonada.

Hispanismo y "neoarabismo" en la presencia de las élites americanas

La libertad formal que permitían los "historicismos" y que habrían de derivar en los sitios de veraneo en los "pintoresquimos" regionalistas, tuvo laboratorios experimentales en los suburbios urbanos, en las villas alejadas de las ciudades y en balnearios. Con excepción del Brasil no es habitual entre los latinoamericanos la utilización del término "estilo morisco", claramente derivado del anglosajón "moorish style"[9]. En esto cabe reconocer su adopción lúdica por Inglaterra y Estados Unidos con fuerte presencia en la región caribeña americana[10].

La mayoría de los ejemplos que abordan a nivel residencial la arquitectura "neoárabe" lo harán a partir de la década del 20 cuando la crisis del modelo europeo, luego de la primera guerra mundial, se había hecho evidente. En ello no debe menospreciarse la enorme importancia que le cupo a Hollywood en la implantación y difusión del gusto por el estilo morisco a través de sus escenografías, que habrían de convertirse en uno de los puntos de partida fundamentales para la concreción de estas arquitecturas Fundamentalmente las películas "Una noche árabe" (*One arabian night*) de Ernst Lubitsch y "El ladrón de Bagdad" (*The Thief of Bagdad*) de Raoul Walsh estrenadas en 1920 y 1924, alcanzaron resonancia dentro de lo que puede entenderse como "los grandes alardes de producción"[11].

Junto a las obras suburbanas y rurales, muchas de las llamadas casas quintas de veraneo adoptaron este carácter del "neoárabe". En Montevideo (Uruguay) se conserva la Quinta de Tomás Eastman (1880) en la Avenida Agraciada, que se atribuye al francés Víctor Rabú. La quinta de Manuel Rubio fue construida por el arquitecto madrileño afincado en el Uruguay, Emilio Boix y Merino, autor asimismo del pabellón neoárabe de la kermesse del Ateneo (1896). En Argentina, la Quinta de Agustín Mazza, en el barrio de Sorrento en Rosario -ya destruida-, era un notable palacete con elementos neoárabes de madera, realizada por el arquitecto catalán José Soler, autor además del Hotel Central (que conserva su patio morisco) y su propia residencia, hoy demolida, ambas en Rosario[12].

La identidad hispanista del renacimiento al neocolonial

Hemos señalado en otro artículo de este libro la importancia de la fase renacentista en el rescate historicista de la arquitectura española y el éxito que el mismo tuvo en el contexto de los países sajones y también en los Estados Unidos. Allí mientras los arquitectos de la Nueva Inglaterra se refugiaban en el siglo de oro español, los antiguos territorios que pertenecieron a México (California, Texas, Arizona e inclusive Florida) buscaban sus raíces en sus arquitecturas históricas del período colonial.

Una obra que muestra la articulación con las vertientes hispanas de Estados Unidos es el Banco de Boston, realizado en Buenos Aires en 1925, donde por elección del Directorio central se adoptaría el "spanish style". En el contexto de una visión eclecticista los arquitectos norteamericanos Edward Palmer York (1865-1927) y Philip Sawyer (1868-1949), seleccionaron elementos de la región castellana (San Marcos de León, el Hospital de la Santa Cruz de Toledo) o procedentes de Galicia (Librería de la Catedral de Santiago de Compostela)[13]. El libro de Prentice aportó los relevamientos originales, pero muy probablemente otra obra de Arthur Whittlesey, editada en aquellos años sirviese de referencia directa[14]. Los arquitectos constructores en Buenos Aires, Chambers y Thomas, quienes habían hecho originariamente un diseño afrancesado, reconocían finalmente que *"la adaptación del clásico renacimiento español, que con su rico y fino detalle, adornos platerescos y la simple simetría de sus líneas dará a la obra su bello carácter monumental"* [15].

8. TAVERA AYA, Fernando. "Los toros en Bogotá y Cartagena, dos siglos de tradición republicana" en *Revista Credencial Historia* 62. Bogotá, febrero de 1995.

9. DANBY, Miles. *Moorish Style*. Londres: Phaidon; 1995.

10. RAQUEJO, Tonia. *El palacio encantado. La Alhambra en el arte británico*. Madrid: Taurus; 1989.

11. GUBERN, Román. *Historia del Cine*. Barcelona: Lumen; 5ª e., 1998. P. 173-174.

12. GUTIÉRREZ, Ramón. "Presencia y continuidad de España en la arquitectura rioplatense" en *Hogar y Arquitectura* 97, Madrid, 1971. P. 55.

13. GUTIÉRREZ, Ramón y TARTARINI, Jorge. *El Banco de Boston. La casa Central en la Argentina. 1917-1997*. Buenos Aires: Fundación Banco de Boston; 1996.

14. WHITTLESEY, Arthur. *The Renaissance Architecture of Central and Northern Spain*. New York: Architectural Book Publishing; 1920.

15. CHAMBERS Y THOMAS. "The First National Bank of Boston. Su nuevo edificio" en *Revista de Arquitectura* 46. Buenos Aires, octubre de 1924.

La nostalgia de los García
Naviera en el Parque
Enciclopédico de Betanzos donde
Buenos Aires da la hora en el
centro del universo
(Foto Rodrigo Gutiérrez Viñuales)

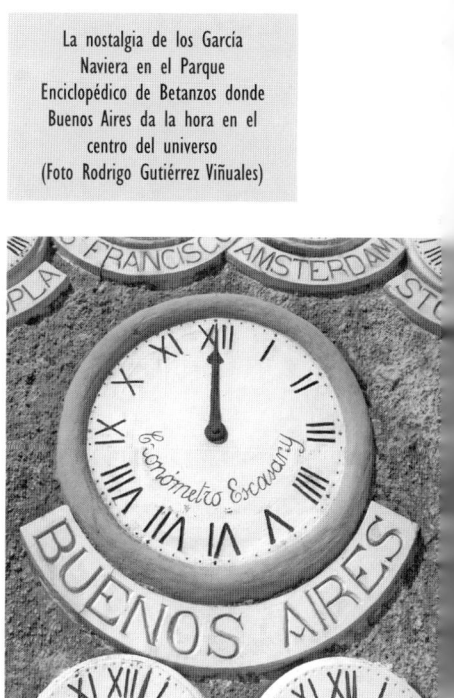

El paso del historicismo renacentista al movimiento "neocolonial" se produjo sin muchas complicaciones. La vertiente hispanista del "neocolonial" atendió también preferentemente a las obras prestigiadas del Siglo de Oro español. En Argentina la realización de obras como el Teatro Cervantes, impulsado por los famosos actores María Guerrero y Fernando Díaz de Mendoza fue construido en 1922 por los arquitectos Fernando Aranda (1882-1959) y Bartolomé Repetto. Aranda que era sevillano mostraba la idea de transferencias de formas y de materiales. La facha-da era una réplica de la portada de la Universidad de Alcalá de Henares, que en este caso, al estar el Teatro en una esquina, se plegaba pivotando sobre la puerta de acceso en la ochava. El mobilia-rio fue encargado a la fábrica de Diego Martínez Martín en Sevilla, mientras que la cerámica fue realizada en "La Bética" propiedad del marqués de Benajamí y de las Cuevas o a los hornos de Manuel García Montalván[16].

16. VILLAR MOVELLÁN, Alberto.
*Arquitectura del regionalismo en Sevilla
(1900-1935)*. Granada: Actas del
Congreso Internacional de Historia del
Arte; 1973.

También en Buenos Aires el Concurso para la Caja Nacional de Ahorro Postal fue ganado por los Arquitectos Squirru y Croce Mujica quienes apelaron a un repertorio hispanista. Ambos profesionales editaron durante un lustro la revista "El Arquitecto" que fue el vocero calificado del movimiento "neocolonial" en la Argentina[17].

La última fase del imaginario español: El Modernismo Catalán

Más allá de los ejemplos aislados queda aun una interesante fase constituida por la presencia de las migraciones españolas en América y que buscan expresar a veces a la colectividad como conjunto y otras como expresiones regionales.

El año del centenario de la Independencia (1910) fue el punto de reencuentro de muchos de los países americanos con España quien buscó un acercamiento directo. No debe olvidarse que millones de españoles se habían radicado en el cono sur americano en este período y que su presencia marcaba una impronta notable en las vidas urbanas de las ciudades capitales.

Como en general la arquitectura oficial estaba signada por el academicismo francés que, a la usanza de la "École des Beaux Arts" se enseñaba en la Universidad, la colectividad española buscó una manera clara de diferenciarse de este lenguaje para testimoniar su identidad. Lo curioso es que adoptaría una de las vertientes regionales de avanzada, el "Modernisme" catalán que de esta suerte vendría a expresar a la España en su conjunto[18]. Es muy probable que este criterio fuera afianzado por la fuerza del Pabellón español de la Exposición del Centenario realizado por Julián García Núñez[19]. La arquitectura de García Núñez recordaba no solamente los procesos modernistas, sino que tiene similitudes con la arquitectura contemporánea valenciana, influida a su vez por la "Secession vienesa"[20].

Los edificios de los Hospitales españoles en Buenos Aires y Temperley muestran la capacidad de diseño de García Nuñez y a la vez la influencia de su maestro Domenech y Montaner con la obra del Hospital de San Pablo de Barcelona. En el Casal de Cataluña, García Nuñez recurre a un lenguaje historicista más cerca del neogoticismo que conformaba otra de las vertientes de la "Renaixensa" catalana. En Rosario el arquitecto español Francisco Roca y Simó, que había tenido presencia activa en las islas Baleares antes de radicarse en Argentina, hizo un conjunto de obras modernistas para el Club Español, la Sociedad Española de Socorros Mutuos y varios edificios para la familia Cabanellas, todo ellos dentro de los lineamientos del modernismo catalán.

17. Sobre estos temas véase nuestro libro *"Españoles en la arquitectura rioplatense. Siglos XIX y XX"*. Buenos Aires: CEDODAL; 2006.

18. DOMENECH Y MONTANER, Luis. *En búsqueda de una arquitectura nacional. La Renaixensa.* Barcelona: 1878.

19. SANTALLA, Elda. *Julián Jaime García Núñez.* Buenos Aires: Instituto de Arte Americano-UBA; 1968.

20. GUTIÉRREZ, Ramón. "Presencia y continuidad de España en la arquitectura rioplatense" en *op. cit.*

Personajes de la conquista de América en un edificio de Barcelona de 1865
Der.: Catedral de Tuy. Detalle de un indio gaitero (siglo XVIII)

Can Bassa en Vilassar de Mar (Cataluña), 1900.
Detalle de "gaucho" tomando mate y con
boleadoras; su dueño, Pedro Sitges Bassa, vivió
en el Río de la Plata

Mercado de Ribadeo donado por el emigrante Ramón González Fernández que regresó de Argentina, 1905

Indianos desde América a España y desde España a América

Ha sido habitual la lectura sobre la vocación de los "indianos" que regresaban al territorio español por ejecutar edificios que fueran capaces de diferenciarse de los demás habitantes de sus poblados, manejando para ello la escala de la obra, la inversión económica desmedida, el muestrario variado de materiales, las formas extravagantes o el recargamiento ornamental. Pero esta forma de distinción, que también es verificable en la llamada "casa del Brasileiro" en el norte de Portugal, ha ido siempre acompañada por una convicción de singularidad, que testimonia exclusivamente a su propietario, más allá de las afinidades que su propuesta pueda tener con otras que proceden de similares situaciones.

Muchas veces adquirieron sus fincas rasgos identitarios como por ejemplo la extensión de sus jardines y la plantación de palmeras que unían su imagen icónico a un "tropicalismo" americanista, aunque hay quien opine que su procedencia es fundamentalmente de las Canarias. Con más precisión muchos "indianos", migrantes españoles que regresaron a sus pueblos, vincularon sus detalles ornamentales a su experiencia americana. La residencia de Pedro Sitges Bassa (conocida como el "Can Bassa") en Vilassar del Mar fue una mansión que le diseñó en 1900 el arquitecto Eduardo Ferrés, en la cual el indiano integró en la decoración motivos de sus vivencias en Montevideo. Asombra ver, en una arquitectura historicista modernista con rasgos neogoticistas, el que aparezca un gaucho tomando mate y con boleadoras en la otra mano. Otro elemento importante de estas casas de indianos es la torre-mirador, un elemento que les permitía otear el mar y recordar en sus lejanos horizontes tanto las etapas duras, cuanto el final feliz de la riqueza y el retorno que marcó sus vidas.

No siempre los indianos aspiraron a representar una arquitectura de la "modernidad" hay otros casos donde la opción fue la del simple pintoresquismo o aún de ciertos rasgos de un clasicismo eclecticista, a la usanza contemporánea de la École des Beaux Arts. Un ejemplo formidable, también en Cataluña, es la Torre Malagrida en Olot, construida por Manuel Malagrida, emigrante a la Argentina en 1890 y regresado a España en 1913. La mansión realizada "a la francesa" con mansardas, pórtico con columnatas y fachada simétrica en el cuerpo principal se implanta en el medio de un gran parque ajardinado al cual se accede por una suntuosa escalinata. Malagrida, un exitoso comerciante de Tabaco, hizo también su residencia en el Paseo de Gracia de Barcelona y en ambos casos las citas a la nostalgia son evidentes con los cóndores andinos sobre la puerta y un medallón con el retrato del Presidente Bartolomé Mitre que también tiene una calle con su nombre en Barcelona[21].

21. ALHARILLA, Martín Rodrigo. *Cases d´Indians*. Barcelona: Angle; 2004. P. 227.

También en esta misma línea de arquitectura academicista podemos recordar las casas de
Juan García Naveira y su hija Águeda en Betanzos (Galicia) realizadas a comienzos del siglo XX.
Los García Naveira fueron los protagonistas de uno de los hechos arquitectónicos y urbanos más
interesante de esta época del tardo romanticismo. Las ciudades formaban parques temáticos o
"Entretenimientos" en los márgenes de la población como un sitio de recreación. Los hermanos
García Naveira impulsaron la realización de un notable Parque Enciclopédico "El Pasatiempo" que
recogía materialmente no solo los indicios de sus nostalgias sino también los ensueños viajeros de
una visión globalizadora en el tiempo histórico y en una extensa geografía.

En efecto, "El Pasatiempo" reúne multitud de personajes y escenas de referencia universal,
desde las pirámides de Egipto y la construcción del Canal de Panamá hasta el descuartizamiento
de Tupac Amaru en el Cuzco. Figuran allí desde los escudos de las repúblicas latinoamericanas
hasta los bustos de presidentes argentinos. Los relojes que señalan la hora de las principales capitales del mundo se arropan en torno a la hora de Buenos Aires en un gran dispositivo tecnológi-
co creado por los Escasany en la Argentina. La Pirámide de Mayo aparece reconocible entre otros
símbolos de la expresividad enciclopédica y global de aquellos exitosos inmigrantes[22].

Jesús, Juan y Manuel García Naveira, como otros inmigrantes demostraron su cariño a su
pueblo natal haciendo además obras de filantropía, coadyuvando a las obras públicas y buscando
elevar el nivel social y cultural de sus paisanos. Para ello formarían el *Patronato Benéfico Docente
García Hermanos* en 1908 que construiría entre 1914 y 1917 unas escuelas modernistas en
Betanzos, como lo propio ensayaría con su Escuela de Artes y Oficios de Corcubión el indiano
procedente de Buenos Aires José Carrera Fábregas[23]. Juan García Naveira hizo a su vez la Escuela
para niñas diferenciales y en 1912 un Lavadero público en Cascas.

Otro emigrante de ida y vuelta de la Argentina, Ramón González Fernández haría el
Mercado Municipal de Ribadeo (Galicia) en 1905 y pocos años después en la misma localidad el
arquitecto argentino, graduado en Barcelona, Julián García Núñez levantaría el famoso Palacio de
los hermanos Pedro y Juan Moreno en la plaza del pueblo[24].

Entre los indianos procedentes de Asturias predominaron claramente los radicados originariamente en Cuba, México y Puerto Rico, sin embargo algunos de los procedentes de Argentina
hicieron sus residencias en sus comarcas natales. Tal el caso de Alejandro Pérez que emigró a
Argentina en 1899 y realizó su residencia en Cadavedo o la de Ramón de la Cruz que en 1915

22. CABANO VÁZQUEZ, Ignacio y
otros. *"El Pasatiempo". O capricho dun
indiano.* A Coruña: Do Castro; 1991.

23. CABANO VÁZQUEZ, Ignacio.
"American architecture in Galicia" en
*Galicia & America. Five centuries of
history.* A Coruña: Xunta de Galicia;
1992. P. 227

24. ALONSO PEREIRA, José Ramón. "El
fenómeno indiano en Asturias y en
Galicia" y "La arquitectura indiana de
García Núñez a una y otra orilla del río
Eo" en AAVV. *Julián García Núñez.
Caminos de ida y vuelta.* Buenos Aires:
CEDODAL; 2005.

Torre de Manuel Malagrida en Olot. Viajó a la Argentina en 1890 y regresó a Cataluña en 1913

remodeló en Luarca su mansión con una fachada modernista simétrica pero de fuerte carácter ornamental[25]. También en Luarca Ramón Fernández Asenjo, Manuel García Fernández y su esposa argentina Ernestina Mendy hicieron una Fundación con varios obras como el Colegio-Asilo, el Hospital-Asilo e inclusive el Patronato de San José en Gijón. La vocación asistencial les había surgido en Argentina donde habían ayudado a la construcción del Hospital Español y habían creado la Escuela de Artes y Oficios de Tucumán que regenteaban los salesianos.

Algunos de estos indianos alcanzaron el reconocimiento de sus paisanos. Los hermanos García Naviera tienen su monumento en Betanzos y en Ortiguera (Asturias) se erigió un Parque y Monumento a Fernando Jardón Perisse, quien se nacionalizó argentino y fue Cónsul de nuestro país en Madrid. El busto realizado por Mariano Benlliure fue solventado por la colectividad asturiana de Argentina y de Cuba. También desde Argentina los españoles emigrados de Vegadeo solventaron en 1914 la construcción de la fuente pública ubicada junto al templo, como manera de hacerse presente en la actividad cotidiana de su pueblo.

Como colofón de que la actitud de los migrantes enriquecidos no es unidireccional de los que pasan desde América a España, podemos recordar el paso de un español a Cuba ya independizada, donde su comportamiento social y cultural es similar a los que retornaban a sus tierras.

Es pues quizás el ejemplo más impresionante de aquella arquitectura que ratifica nuestra hipótesis sobre estos caminos de "ida y vuelta". La obra del palacio del asturiano Acisclo del Valle y Blanco, realizado entre 1913 y 1917 por el arquitecto Pablo Donato, se localiza en Punta Gorda, Cienfuegos (Cuba). La obra es de un rotundo eclecticismo, el cual se manifiesta ya en la propia proveniencia de los materiales: mármoles de carrara, alabastros también italianos, cerámicas venecianas y granadinas, herrajes y forjas españolas, mosaicos talaveranos, cristales europeos, y madera de caoba cubana. Posee tres torres diferentes las que, según cuenta la tradición, encierran un carácter simbólico: la de la izquierda representa el amor, la central la religión, y la derecha la fuerza. Las vidrieras del Palacio muestran escenas del nacimiento de Cristo.

Los "indianos" expresan en España los logros de sus trayectorias vitales y los españoles expresan en América su sentido de pertenencia utilizando los recursos historicistas o modernistas que definen su procedencia. La arquitectura es pues testimonio de estas búsquedas de reconocimiento social y cultural. En definitiva, según la escala, una construcción de identidades personales, familiares, grupales, locales, regionales y nacionales que testimonian ese fluido circular de ideas, modos de vida, funciones y formas que la arquitectura ayuda a develar.

25. MORALES SARO, María Cruz y otros. *La Arquitectura de indianos en Asturias.* Oviedo: Ed. Principado de Asturias; 1987.

Cigarrillos de Manuel Malagrida quien desde Buenos Aires organizó en 1901 un concurso internacional para carteles publicitarios

Centenario y después: la continuidad del imaginario hispanista

Mg. Arq. Patricia Méndez
CONICET, CEDODAL

Recordar aniversarios, celebrar conmemoraciones de fechas patrias, patronales o religiosas, fueron desde siempre, un motivo: homenajear la memoria. Es el momento en que las efemérides evocan las tradiciones y creencias más profundas de los grupos humanos y, por supuesto, es la manera pública de atar los vínculos de la historia a los de la memoria revivificando las herencias culturales.

En esos avatares de nuestra historia estábamos cuando la Argentina fue sorprendida por las conmemoraciones de la emancipación hispánica y *"quizás uno de los temas más apasionantes de los festejos de los centenarios de nuestra independencia radique en la necesidad de expresar testimonialmente que efectivamente éramos independientes"*[1]. A la luz de recientes reflexiones, y en las vísperas de -otra vez- un nuevo aniversario de la Independencia, puede decirse que el dinamismo histórico nos permite revisar de un modo más abarcante los procesos en los que estuvimos inmersos y analizar con la amplitud que se merecen las proyecciones de las fiestas luego de aquellos primeros cien años.

Por entonces, el proyecto nacional de los festejos del Centenario de la Revolución de Mayo, fue el cenit de una transición gestada en el país desde hacía ya unos treinta años antes; era el corolario de un proceso de conversión hacia una Argentina que si bien hacia 1910 intentó despojarse de paradigmas coloniales para crecer en el concierto mundial de países, nunca perdió la vinculación con la Península y gracias a la gigantesca masa de inmigrantes que en estas tierras encontró el sitio para "hacer la América", lejos de diversificarse la hispanidad se arraigó a través de distintas festividades, estableciéndose como una variante más del imaginario de modernidad y progreso.

Entre los múltiples ejemplos que la colectividad española ofreció a la Argentina, perduran algunas manifestaciones realizadas en los años inmediatamente siguientes a las festividades centenarias. Algunas de ellas si bien estuvieron ligadas a aquellas fiestas por la proyección que alcanzó en la sociedad española instalada en nuestro país, también supieron adquirir vuelo propio por la importancia que adquiría la comunidad instalada en cada rincón argentino.

Kiosko "Aguas Lérez" dentro del Pabellón de España en la Exposición del Centenario, 1910 (Postal CEDODAL)

El castillo morisco

El 8 de abril de 1923 la colectividad española de la ciudad de Tandil -provincia de Buenos Aires-, se reunía en lo alto del Parque Independencia de esa ciudad para obsequiar al municipio una obra que los representaría en ocasión del Centenario de su fundación.

El sitio elegido para el emplazamiento fue el lugar mismo de la fundación del fuerte Independencia. Aquél que desde 1823 bajo el mando de Martín Rodríguez intentó frenar las avanzadas de ranqueles y luego dio origen a la población tandilense. Desde entonces, gracias a la particular geografía serrana, la bonhomía de su clima, el atractivo turístico de la *Piedra movediza* y los altos rendimientos agropecuarios de sus tierras, la región actuó como un imán para las distintas colectividades europeas.

Los primeros inmigrantes registran su llegada hacia 1860, en tanto que la gran mayoría arribó al cabo de los primeros cinco años de esa década. Así, hacia 1873, ya funcionaba la Sociedad mutualista española que los representará a lo largo de la historia del lugar cubriendo todo tipo de asistencia que requiriese la comunidad.

1. Gutiérrez, Ramón. "Las celebraciones del Centenario de las Independencias", en *Apuntes*, 3. Bogotá: Pontificia Universidad Javeriana, vol. 19, julio-diciembre, 2006.

La comunidad hispana en las primeras "romerías" en la ciudad de Tandil (Diario *Nueva Era*)

Poco a poco las tradiciones hispanas tomaron cuerpo en la sociedad tandilense y la enorme cantidad de inmigrantes allí afincados disfrutaron a partir de la década del 80 de las primeras romerías españolas. Las fiestas, con el correr del tiempo constituyeron el acontecimiento social más esperado de la localidad puesto que en ellas toda referencia a la Península era bienvenida para alternar comidas típicas, pruebas pedestres, gaitas y rondallas.

El motor de las intensas actividades culturales fue sin dudas la Sociedad Española de Socorros Mutuos local. Un organismo que crecía en pro de sus consocios y de la comunidad y que, en diciembre de 1894, entre otros avances inauguraba el primer Teatro[2] de la ciudad.

Lejos de caer, este espíritu festivo perduró con los años y alcanzó su punto máximo con la construcción del castillo morisco -el mirador de la ciudad- en la cima del Parque Independencia.

La colocación de la piedra fundamental de la futura construcción -un castillo de características mozárabes-, fue bendecida como símbolo permanente de confraternidad hispano argentina, oficiando como padrinos algunos conspicuos personajes de la sociedad española radicada allí, como el Sr. Agustín García y su nieta Ana María Schang, en tanto que las crónicas de la época refieren que el gerente de la Sociedad de Socorros Mutuos, Don Nemesio Eguinoa, dirigió unas palabras alusivas.

2. Llamado "Cervantes" a partir de 1916 y vendido al empresario de cine Max Glucksman en 1924, quien curiosamente y apelando al origen que tuviera la sala, le dio características mozárabe a su fachada principal. Cfr. *Nueva Era. Bodas de Oro 1919-1969*. Tandil: Diario "Nueva Era", 1969.

El cine teatro "Cervantes" en su primer edificio (arriba) y luego de la refacción de 1924 (dcha.)

El castillo morisco en la cima del "Parque Independencia": en los tiempos de su construcción (Postal CEDODAL) y en su estado actual (Fotos Rodrigo Gutiérrez Viñuales)

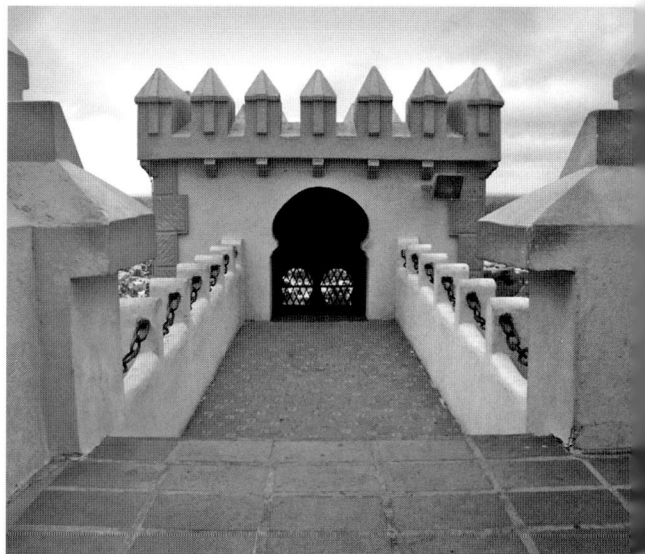

La obra resulta curiosa en su resolución estilística al adoptar un lenguaje neomudéjar bastante alejado de las realidades pampeanas de la región donde se afincaba la comunidad hispana. Sin embargo, no hay que olvidar que los aportes españoles ofrecían al medio local intentando un *"...legado de formas vigentes en España, en las que lo mudéjar pasó ya como una supervivencia popular, como un arte puramente nostálgico"* [3] y, en esta recurrencia al lejano Oriente, se resolvían claramente las evocaciones lúdicas y festivas.

Así fue que al estilo "neoárabe", se constituyó en sinónimo de "hispano" y las colectividades españolas afincadas en nuestro país lo cultivaron al punto de reivindicar con él a sus ancestros y distinguirse, por qué no, del resto de los inmigrantes europeos[4]. Por lo tanto, no fue el castillo tandilense el primero ni el único de los desarrollados en el país; en esa ciudad existía desde 1924 el remozado cine "Cervantes" en tanto que otros edificios emplearon idénticos lenguajes y se erigieron como emblema de las comunidades españolas en la Argentina. Entre los que pueden citarse se encuentran la sede del Centro Español de Paraná (provincia de Entre Ríos), el Club Español en Buenos Aires diseñado por el arquitecto holandés Enrique Faulkers en 1912, en el cual su sótano fue bautizado como "Salón Alhambra" o , la Asociación Española de Socorros Mutuos en Villa María (Córdoba). Otros ejemplos en Buenos Aires pero mucho más efímeros y directamente ligados a las actividades del ocio absorbieron idénticas corrientes estilísticas como el kiosco de "Aguas Lérez" -propiedad del empresario gallego Casimiro Gómez Cobas y que fuera inclui-

3. SEBASTIÁN, Santiago. "¿Existe el Mudejarismo en Iberoamérica?" en AA.VV. *El mudéjar iberoamericano, del Islam al Nuevo Mundo*, Barcelona: Lunwerg, 1995.

4. Cfr. GUTIERREZ VIÑUALES, Rodrigo. "El orientalismo en el imaginario urbano de Iberoamérica. Exotismo, fascinación e identidad", facsímil, s/fecha.

109

Pabellón de los Lagos en los bosques de Palermo (Postal CEDODAL)

do dentro del Pabellón de España creado por Julián García Núñez para la Exposición del Centenario-, en él la profusión de policromías y arcos polilobulados aludían claramente a la imagen que España aspiraba a manejar para el exterior como "englobante" de una cultura diferente[5]. Y, con estos lienamientos pero en mayor escala, Buenos Aires disfrutó del Pabellón de los Lagos en los bosques de Palermo -una obra del arquitecto Roland Le Vacher realizada entre 1898 y 1901- en el que sus vidrieras fueron adaptadas a los arcos de particular morfología que bordeaban el gran espacio central. El Pabellón fue demolido hacia 1929 y en su lugar fue erigido otro ámbito caro a la sociedad hispana radicada en Buenos Aires: el Jardín Andaluz donado "*A la caballerosa y opulenta Ciudad de Buenos Aires en testimonio y comunicación espiritual, Sevilla ofrece esta muestra de la industria de Triana, el barrio de los laboriosos alfareros y de los intrépidos navegantes*", tal cual se lee en la base de su fuente central recubierta con cerámicas andaluzas. Lamentablemente, y pese a la acertada restauración que el Gobierno español hizo de este espacio en 1996, el sitio es presa del descuido y del abandono.

Desde el barrio capitalino de Palermo, hasta la bonaerense localidad de Tandil, o siguiendo por otras tantas ciudades del cono sur americano, las distintas manifestaciones arquitectónicas que prefirió la colectividad española del post Centenario no dejaban de remitir a un pasado que les era auténticamente propio. Sin embargo, funcionaba conveniente a la hora de expresar un sentimiento de nostalgia por un imaginario distante, ya tanto como presente ajeno cuanto por pasado perdido, por ser histórico e irreversible, pero que a la vez, alcanzaba a reivindicar con esas imágenes el verdadero motor de su memoria histórica allende España.

5. ORTIZ, Federico et al. *La arquitectura del Liberalismo en la Argentina*. Buenos Aires: Sudamericana, 1968.

Jardín Andaluz en el Parque 3 de febrero, barrio de Palermo (Foto Autor)

1916: Dos viajeros en la Joven Nación. El viaje a la Argentina de José Ortega y Gasset y José Ortega y Munilla

Lic. Inés Viñuales
Fundación Ortega y Gasset, Argentina

Habían transcurrido solo seis años de los festejos del Centenario de la Revolución de Mayo, cuando en la Argentina otra conmemoración volvió a tener lugar. Los actos que recordaban la Declaración de la Independencia se desarrollaron tanto en Tucumán como en Buenos Aires. El entonces Presidente Victorino de la Plaza presidió los actos que se realizaron en la ciudad de Buenos Aires.

Además de estos festejos conmemorativos para la joven nación el año 1916 fue de honda trascendencia. Se realizaron las primeras elecciones generales bajo la ley electoral conocida como Ley Sáenz Peña que –inspirada en la ley española promovida por Antonio Maura- significaba la consagración del sufragio universal, secreto y obligatorio, aunque no incluía a las mujeres, que tuvieron que esperar hasta mediados del siglo para ver reconocidos sus derechos. Esta ley tuvo un significado central en el proceso de estructuración de la sociedad argentina. Con un alto porcentaje de inmigrantes o hijos de inmigrantes que no tenían cabida en el sistema político de entonces, la población de Argentina, vio en esta ley el camino para la democratización de la vida política, largamente esperada. De esta primera elección nacional bajo la ley Sáenz Peña, surge como Presidente Hipólito Irigoyen. Para la joven sociedad, se abre entonces un nuevo capítulo –que si bien venía gestándose desde mucho antes- tiene como referente emblemático las elecciones de 1916.

La afirmación y consolidación interna tuvo también su correlato en el cambio de relación con España. El país había madurado y la guerra europea impulsaba a España a renovar sus relaciones fuera de Europa. En el año 1916, España decide elevar a la categoría de Embajada a la representación diplomática en Argentina. Quien había estado al frente de la delegación Pablo Soler y Guardiola fue también promovido al rango de Embajador.

De esta manera España fue el primer país europeo en abrir una Embajada en la joven Nación y el segundo en darle esa categoría a su representación diplomática en Argentina, después de Estados Unidos.

América en general y la Argentina en particular se presentaban como un destino atractivo a las generaciones españolas que buscaban aires de renovación. Es así como el 22 de julio, apenas acallados los ecos de los festejos del Centenario de la Independencia llegan a Buenos Aires, el joven Profesor de Filosofía de la Universidad Central de Madrid (luego denominada Complutense) José Ortega y Gasset que tenía entonces 33 años y su padre, el reconocido periodista de "El Imparcial", José Ortega y Munilla.

La ocasión no podía ser mejor para estos viajeros. Dejaban atrás una Europa convulsionada por la Primera Guerra Mundial y una España que no lograba recomponerse totalmente luego del desmembramiento del Imperio en 1898. América aparecía en su imaginario como el futuro, la posibilidad de realización y de proyección que la conflictiva realidad europea les escatimaba. Llegaron aquí con la ingenuidad de un niño y la expectación de los conquistadores. Así lo relata Ortega y Gasset cuando dice "Vengo con una curiosidad inmensa. Estas tierras tienen para mí la misma virginidad que tuvieron para Cristóbal Colón"[1].

Invitado por la Institución Cultural Española debía dar aquí una serie de conferencias en la Facultad de Filosofía y Letras de la UBA, a las que se sumaron otras actividades en el Instituto Popular de Conferencias y con la revista Nosotros. Rápidamente se convirtió Ortega en una figura pública respetada por su solidez, su formación filosófica y su claridad para hablar de temas pro-

Hipólito Yrigoyen el día que asume la presidencia, 12 de octubre de 1916. (AGN. DDF.)
Abajo: Copia del billete de José Ortega y Gasset hacia Argentina (*Revista de Estudios Orteguianos* 1, Madrid, 2000)

*Salvo expresa aclaración las fotos fueron tomadas de: Imágenes de una vida. Madrid: Fundación Ortega y Gasset; 1983

1. *La Prensa*, Buenos Aires, 23 de julio de 1916.

A bordo del "Reina Victoria Eugenia" hacia Buenos Aires. Izq. a der. José Ortega y Gasset, la actriz María Guerrero, el dramaturgo Eduardo Marquina y José Ortega y Munilla
Der.: Ortega desembarcando en Buenos Aires

2. ORTEGA Y GASSET, José en *Meditación del pueblo joven*. Madrid, Revista de Occidente 1966. P. 9.

3. ORTEGA Y GASSET, José, Op. Cit. P. 11.

Victoria Ocampo

fundos. Sus conferencias llenaron los salones de la Facultad de Filosofía y hubo filas de interesados que pugnaban por ingresar, a un salón colmado desde temprano. Este fenómeno de éxito de un filósofo no tenía precedentes.

A la par que se dedicó a la Cátedra, no tardó Ortega en entablar relaciones con los círculos intelectuales y sociales de Buenos Aires, frecuentando el selecto Jockey Club y otros salones representativos de la época. También tomó contacto en este primer viaje con referentes de la cultura local que años mas tarde acudirían en su ayuda en tiempos del exilio como Elena Sansinena de Elizalde y Victoria Ocampo.

Para la producción intelectual de Ortega el viaje a la Argentina -donde se quedó por espacio de cinco meses- fue altamente provechoso. Impactante fue para sus ojos el despliegue de apoyo popular a la asunción de Hipólito Irigoyen, ocurrida el 12 de octubre de ese año. La visión de esa enorme movilización en apoyo de su líder significó un referente indudable a la hora de escribir años más tarde, su obra emblemática "La rebelión de las masas".

Pero la curiosidad de los viajeros fue más lejos e incluyó destinos del interior del país: Tucumán, Rosario, Córdoba, Bahía Blanca, Corrientes y Chaco, donde se repitieron los éxitos de audiencia. Estos traslados a bordo del tren les permitieron tomar un contacto directo con otro tipo de hombre distinto del urbano que contactaron en Buenos Aires. Por otra parte, los espacios físicos causaron honda sorpresa: la inmensidad de la pampa, la sequedad del norte y el desafío de dominar tierras inhóspitas como las chaqueñas constituyeron impresiones que ayudaron a interpretar la realidad de la joven nación.

Todos estos elementos y la experiencia continua de contacto con la gente, permitieron a Ortega analizar la idiosincrasia argentina. La síntesis de sus apreciaciones la vuelca Ortega en su provocativa conferencia de despedida cuando sostiene "el pueblo criollo rompe el hermetismo tradicional de las razas, y ha sabido hacer de su nación un volumen perfectamente poroso, donde pueden entrar hombres de todas razas, de toda lengua, de toda religión y de toda costumbre"[2]. En este intento por comprender los rasgos de esta joven sociedad, la mirada del filósofo se centra en la geografía y en el factor humano. Menos cuenta para Ortega la historia de este pueblo a la que considera corta desde la mirada retrospectiva del ojo europeo.

Ortega interpreta que este país tiene todos los resortes para ser una gran Nación. Tiene dinamismo, vitalidad, optimismo y decisión. Tiene por delante un futuro promisorio. No obstante estas características que él encuentra magníficas, sostiene que el hombre argentino no ha podido superar la causa que dio origen a este pueblo, que fue la creación de estas colonias con la intención de negocio, de lucro. Luego de declararse independientes —sostiene Ortega- estos pueblos mantienen el punto de vista de la metrópolis, sin poder desprenderse de una actitud economicista. Hay aquí una suerte de advertencia sobre lo verdaderamente importante para mantener una vigorosa senda de crecimiento. "Debe dedicarse -sostendrá- un cultivo superior de las actividades sobreeconómicas desproporcionadamente menores frente a las utilitarias"[3].

La Argentina por entonces era un país desbordante con una sociedad que pugnaba por integrarse y una economía que resolvía sus problemas con "la próxima cosecha". El hombre argentino era para Ortega como un "ser satisfecho" que carente de descontentos no siente la falta de algo más allá de él en alusión a su formación humana, su cultura y su preocupación por la ciencia. Había percibido Ortega actitudes en el hombre argentino que "defendía" su forma de ser y de vivir como orgulloso criador de ganados, y es probable que -como señala Marta Campomar[4]- aparezca frente a sus ojos el "hombre a la defensiva" tema que dará luego origen a un texto homónimo dirigido al hombre argentino.

No obstante analiza con interés la actitud de la mujer argentina, interesada, dinámica y que busca encontrar un rol más protagónico que ir "detrás del hombre". Le sorprende el marcado contraste con la mujer española de entonces, sumisa y dispuesta a mantener su espacio social de esposa y madre sin otros horizontes.

Muchas de estas reflexiones las fue volcando con el tiempo en producciones que amplían esta visión. Son conocidos sus textos de "La Pampa promesas" y "Meditación del pueblo joven" específicamente dirigidos a este país. Esto fue en gran parte lo que la Argentina "le dio" a Ortega: un escenario adecuado para continuar con su derrotero filosófico, demasiado novedoso para la vieja Europa.

La fuerza de las impresiones recogidas en este país, y el vibrante empuje de la sociedad argentina renovaron en Ortega su optimismo frente a la joven nación. Así lo trasluce cuando expresa "Me he preocupado íntimamente de vuestros azares y he sido un argentino imaginario. Nada más conmovedor para un hombre que tiene fe en el hombre, como considerar la potencialidad enorme de cultura que yace en esta tierra inmensa y en esta raza ascendente"[5]. La ilusión por estas tierras lo impulsó a volver en 1928 y 1939.

Para su padre Ortega y Munilla, el viaje fue una experiencia largamente esperada. Con más de sesenta años, venir al Río de la Plata era una asignatura pendiente para el veterano periodista.

Había nacido en Cuba y ocupaba en España puestos relevantes en periódicos de la época. Sus reflexiones sobre su visita a la Argentina están contenidas en su pequeño pero bello volumen titulado "De Madrid al Chaco" que recoge las colaboraciones que envía a un periódico de La Habana.

Caricatura de Ortega y Gasset realizada por Bagaría

4. CAMPOMAR, Marta. "Los viajes de Ortega a la Argentina y la Institución Cultural Española" en *Ortega y la Argentina.* Madrid: Fondo de Cultura Económica; 1997. P.127.

5. ORTEGA GASSET, José. Op. Cit. P. 16.

josé ortega y gasset

meditación del pueblo joven

el arquero
REVISTA DE OCCIDENTE

Ortega y su padre con miembros de la Cultural Española, 1916 (AGN. DDF.) y portada del libro *Meditación del pueblo joven.* Madrid: El Arquero; 1966

113

La distancia generacional que lo separa de su hijo se hace patente en su manera de visualizar a la joven nación. Para Ortega y Munilla son estas tierras un jalón de su querida España, un trozo de su pueblo que se afincó aquí pero que de alguna forma sigue perteneciendo -afectivamente- a la Península. A diferencia de su hijo, su mirada es más hacia el pasado y la gestación de esta joven Nación que hacia el futuro.

Su permanente referencia a las ex colonias -a diferencia de las expresiones del joven Ortega para referirse a la Argentina- denotan su deseo de encontrar aquí los mayores y mejores rasgos de los valores hispánicos: el heroísmo, la audacia, la constancia y el esfuerzo. Desde esta perspectiva analiza el lugar preponderante que la inmigración española ocupaba por ese entonces en la sociedad argentina. Entiende que muchos han venido a estas tierras por ausencia de posibilidades en España pero reflexiona más sobre el heroísmo que demuestran que sobre las escasas expectativas que ofrecía la España de entonces y que los empujó a abandonarla.

La Argentina transitaba entonces caminos de integración y consensos por los que había luchado largos años. El clima de tolerancia que se respiraba impactó en Ortega y Munilla que se sorprende al comprobar que los disensos de pensamiento no desembocaban en enfrentamientos, si no en franco respeto por las opiniones. La respuesta que le da un distinguido señor al que Ortega le transmite esta observación, le conmueve aún más "Aquí luchamos por la vida, no entre nosotros. Hay un enemigo común que combatir: es la miseria. Hay una victoria que lograr: la riqueza.....así vivimos por aquí"[6]. El esfuerzo por hacer de estas tierras un espacio de realización y un ámbito de progreso es lo que más sorprende a este viajero. La energía y voluntad puestas de manifiesto en esa "apropiación del territorio" generan un fuerte impacto en el periodista. El nombre de la capital del Chaco –Resistencia-, ciudad que visita y donde da una conferencia le sugiere profundas reflexiones sobre la titánica tarea desarrollada por el hombre en estas latitudes.

Si hubiera tres palabras para resumir el impacto de este viaje en Ortega y Munilla podríamos decir que son: la geografía, el hombre y el pasado, a diferencia de Ortega y Gasset que son la geografía, el hombre y el futuro.

Bibliografía

Mg. Arq. Patricia Méndez; Lic. Elisa Radovanovic
CONICET, CEDODAL

AA.VV. *Julián García Núñez. Caminos de Ida y Vuelta.* Buenos Aires: CEDODAL-Fundación Carolina; 2005.

AA.VV. *Españoles en la arquitectura rioplatense. Siglos XIX y XX.* Buenos Aires: CEDODAL; 2006.

ALBUERNE, José. *Pinacoteca del Señor Don Juan G. Molina.* Buenos Aires: Imprenta Reinaldo Roetzler; 1928.

ALHARILLA, Martín Rodrigo. *Cases d'Indians.* Barcelona: Angle; 2004.

ÁLVAREZ, Gerardo. *Los españoles de la Argentina.* Buenos Aires: Manrique Zago; 1985.

AMARAL, Aracy (coord.) *Arquitectura neocolonial. América Latina, Caribe y Estados Unidos.* San Pablo: FCE- Memorial de América Latina; 1994.

ARTUNDO, Patricia. "La galería Witcomb" en *Memorias de una galería de arte.* Buenos Aires: Fundación Espigas-Fondo Nacional de las Artes; 2000.

AZNAR, Y. y WECHSLER, D. B. (comp.) *La memoria compartida. España y la Argentina en la construcción de un imaginario cultural (1898-1950).* Buenos Aires: Paidós; 2005.

BARRET, Rafael. *Mirando vivir.* Barcelona: Tusquets; 1976.

BAZAN DE HUERTA, Moisés. "Humorismo y caricatura en la escultura española de la primera mitad del siglo XX" en *Norba Arte.* Cáceres: Universidad de Extremadura; t. IX, 1989.

BERENGUER CARISOMO, Arturo. "A los sesenta años de una edición memorable" en *Bellas Artes* 39. Madrid, año VI, enero de 1975.

——. *España en Argentina. Ensayo sobre una contribución a una cultura nacional.* Buenos Aires: Club Español; 1953.

BLASCO IBÁÑEZ, Vicente. *Las conferencias de Blasco Ibáñez en el Paraguay.* Asunción: Impr. Grabow & Schauman; 1909.

——. *Argentina y sus grandezas.* Madrid: La Editorial Española Americana; 1910.

——. *Discursos y conferencias dadas en Buenos Aires por el eminente escritor y novelista español.* (Buenos Aires): Impr. y casa Editora A. Grau; s/f.

BONET CORREA, Antonio. "El estilo Neoárabe en España". Madrid: 2003.

BRASAS EGIDO, José Carlos. *Anselmo Miguel Nieto. Vida y pintura.* Valladolid: Instituto Cultural Simancas; 1980.

BROUSSON, Juan Jacobo. *Anatole France en la Argentina. (Itinerario de París a Buenos Aires).* Buenos Aires, s/f.

BUENO, María José. "Arquitectura y nacionalismo. La imagen de España a través de las exposiciones Universales", *Fragmentos* 15-16. Madrid, 1989.

BYNE, Arthur y STAPLEY, Mildred. *Rejería of the Spanish Renaissance.* New York: 1914.

——. *Decorated wooden ceilings in Spain.* New York: G. P. Putnam's Sons; 1920.

——. *Provincial houses in Spain.* New York: H. Helpburn; 1925.

——. *Spanish gardens and patios.* New York: The Architectural Record; 1928.

CABANO VÁZQUEZ, Ignacio. "American architecture in Galicia" en *Galicia & America. Five centuries of history.* A Coruña: Xunta de Galicia; 1992.

CABANO VÁZQUEZ, Ignacio y otros. *"El Pasatiempo". O capricho dun indiano.* A Coruña: Do Castro; 1991.

CAMBA, Francisco y MAS Y PI, Juan. *Los españoles en el Centenario argentino.* Buenos Aires: Imprenta Mestres; 1910.

CAMPOMAR, Marta. "Los viajes de Ortega a la Argentina y la Institución Cultural Española" en *Ortega y la Argentina.* Madrid: Fondo de Cultura Económica; 1997.

CASADO SOTO, José Luis y otros. *Los indianos. El arte colonial en Cantabria.* Santander: Caja Cantabria, 1993.

CASTRO LUNA, Manuel. *Gustavo Bacarisas (1872-1971).* Sevilla: Diputación de Sevilla; 2005.

CATALANS A AMÈRICA. *En el segon centenari de la mort de Gaspar de Portolà, 1786 i el primer de la fundació del Centre Català de Buenos Aires.* Barcelona, Fundació Jaume I, 1986.

ÇELIK, Zeynep. *Displaying the Orient. Architecture of Islam at Nineteenth-Century World's Fairs.* Berkeley & Los Ángeles: University of California Press; 1992.

CENTENARIO ARGENTINO. *Álbum historiográfico de Ciencias, Artes, Industria, Comercio, Ganadería y Agricultura 1810-1910.* Buenos Aires: Cabral, Font y Cía.; 1910.

CHANOURDIE, Enrique. "Los monumentos del gran centenario" en *Arquitectura, Revista de Arquitectura* 15-16, Buenos Aires, diciembre de 1904.

CARAS Y CARETAS

CHAVEZ, Manuel y DOMÍNGUEZ ORTÍZ, Antonio. *Los andaluces en América*. Madrid: Espasa Calpe; 1991.

CHRISTOPHERSEN, Alejandro. "Conmemoración del gran centenario, proyectos sometidos a la Comisión Nacional" en *Arquitectura*, Revista de Arquitectura 39, Buenos Aires, agosto de 1906.

CHUECO, Manuel. *La República Argentina en su primer centenario*. Buenos Aires: Compañía Sud-Americana de Billetes de Banco; 1910.

COSTA, Marta. *Inmigrantes*. Buenos Aires: CEAL; 1972.

DE MIGUEL, Armando et al. *Indianos*. Oviedo: Caja de Ahorros de Asturias; 1984.

DÍAZ SAL, Braulio. *Guía de los Españoles en la Argentina*. Madrid: Ediciones Iberoamericanas S. A.; 1975.

DOMENECH Y MONTANER, Luis. *En búsqueda de una arquitectura nacional. La Renaixensa*. Barcelona: 1878.

EL PROGRESO Catalán en América. Tomo II. Argentina y Paraguay. Santiago de Chile: Blaya y Giralt; 1924.

ENGLEKIRK, John. "El Hispanoamericanismo y la Generación del 98" en *Revista Iberoamericana* 4. Pittsburgh, vol. II, 15 de noviembre de 1940.

"EXPOSICIÓN Internacional de Arte del Centenario. Plano de distribución definitiva de los locales." en *Arquitectura*, Revista de Arquitectura 59 y 60, Buenos Aires, noviembre y diciembre de 1909.

FARIAS, Ruy (comp.) *Buenos Aires gallega. Inmigración, pasado y presente*. Temas de Patrimonio Cultural 20. Buenos Aires: Ministerio de Cultura, Gobierno de Buenos Aires; 2007.

FERNÁNDEZ GARCÍA, Ana María. *Arte y Emigración. La pintura española en Buenos Aires 1880-1930*. Gijón: Universidad de Oviedo y Universidad de Buenos Aires; 1997.

——. "Pintura española en el cono sur americano desde 1880 hasta 1930" en Von Kügelgen (ed.) *Herencias indígenas, tradiciones europeas y la mirada europea*. Frankfurt: Vervuert; 2002.

FERRÉS Y LAHOZ, P. *Miquel Blay i Fàbrega, 1866-1936*. Segovia: Caja Segovia; 2001.

FONTBONA, Francesc y SANTA ANA, Florencio. *Los salones Artal. Pintura española en los inicios del siglo XX*. Madrid: Ministerio de Cultura de España; 1995.

FORNELLS ANGELATS, Montserrat (coord.) *Antonio Ortiz Echagüe (1883-1942)*. Madrid: Centro Cultural Conde Duque; 1991.

FRAGA, Rosendo M. y ESTEVEZ, Ricardo (coord.) *Mirando al Bicentenario. Reflexiones sobre el bicentenario y Memorabilia*. Buenos Aires: Grupo Velox; 2001.

FRANCÉS, José. *El mundo ríe. La caricatura universal en 1920*. Madrid: Renacimiento S.A.; 1921.

FRANCHE, Eugenio. "Exposición industrial del centenario. Puente sobre la Avenida Presidente Montt" en *Arquitectura*, Revista de Arquitectura 64 y 67. Buenos Aires, julio-agosto de 1910 y enero-febrero de 1911.

FRÍAS, Susana y GARCÍA BELSUNCE, César A. *De Navarra a Buenos Aires*. Buenos Aires: Instituto Americano de Estudios Vascos; 1996.

GALVÁN MORENO, C. *El periodismo argentino. Amplia y documentada historia desde sus orígenes hasta el presente*. Buenos Aires: Claridad; 1944.

GARCÍA, Manuel. *Exiliados. La inmigración cultural valenciana, siglos XVI-XX*. Valencia: Generalitat Valenciana; 1995.

GARCÍA DE D'AGOSTINO, O. M.; REBOK, E.; ASATO, N. y LÓPEZ, J. S. *Imagen de Buenos Aires a través de los viajeros. 1870-1910*. Buenos Aires: Universidad; 1981. (Colección del IV Centenario de Buenos Aires)

GARCÍA NUÑEZ, Julio. "Pabellones de España erigidos en la Avenida Alvear en conmemoración del Centenario de la Independencia Nacional" en *Arquitectura*, Revista de Arquitectura 68, Buenos Aires, marzo-abril de 1911.

GÓMEZ CARRILLO, E. *El encanto de Buenos Aires*. Madrid: Perlado, Páez y Comp.; 1914.

GUTIÉRREZ VIÑUALES, Rodrigo. "Consideraciones sobre el coleccionismo de arte en la Argentina de principios de siglo" en *Goya* 273. Madrid: Fundación Lázaro Galdiano; noviembre-diciembre 1999.

——. "Arte y emigración. Juan Carlos Alonso (1886-1945), un artista gallego en la Argentina" en *XIII Congreso Nacional del CEHA* (Comité Español de Historia del Arte), vol. II. Granada, 31 de octubre al 3 de noviembre de 2000.

——. *La pintura argentina. Identidad nacional e hispanismo (1900-1930)*. Granada: Universidad de Granada; 2003.

——. *Monumento conmemorativo y espacio público en Iberoamérica*. Madrid: Cátedra; 2004.

GUTIÉRREZ, Ramón. "Presencia y continuidad de España en la arquitectura rioplatense" en *Hogar y Arquitectura* 97, Madrid, 1971.

——. *Arquitectura y urbanismo en Iberoamérica.* Madrid: Cátedra; 1983.

——. "Las celebraciones del Centenario de las Independencias en Revista *Apuntes* 3. Bogotá: Pontificia Universidad Javeriana, vol. 19, julio-diciembre, 2006.

GUTIÉRREZ, Ramón y TARTARINI, Jorge. *El Banco de Boston. La casa Central en la Argentina. 1917-1997.* Buenos Aires: Fundación Banco de Boston; 1996.

GUTMAN, Margarita. (ed.) *Buenos Aires 1910: Memoria del Porvenir.* Buenos Aires, Gobierno de la Ciudad- FADyU, 1999.

GUTMAN, Margarita y otros. *Buenos Aires 1910. El imaginario para una gran capital.* Buenos Aires, Eudeba-IIEDAL, 1999.

GUTMAN, Margarita y otros. "Construir Bicentenarios: Argentina". Buenos Aires: Observatorio Argentino-Fundación Octubre-Caras y Caretas; 2005.

HERRERA MAC LEAN, Carlos A. "El Sentimiento de la Arquitectura en los Dibujos de Alejandro Sirio" en *Ars. Revista de Arte*, Buenos Aires.

IMPRESIONES de la República Argentina en el Siglo Veinte. Su historia, gente, comercio, industria y riqueza. Londres: Lloyd 's Greater Britain Publishing Company Ltd.; 1911.

JOSÉ DE LARROCHA, maestro de pintores. Granada, 1850-Buenos Aires, 1933. Granada: Ayuntamiento; 1992.

JULIO VILA Y PRADES, 1873-1930. Madrid: Ministerio de Educación y Ciencia; 1974.

LA INMIGRACIÓN ESPAÑOLA en la República Argentina. Carta que el director de las oficinas de información en España dirige al presidente de la sociedad Unión Ibero Americana. Madrid: Establecimiento Tipográfico Sucesores de Rivadeneyra; 1889.

LAVIGNE, Emilio. "Exposición Internacional de Arte del Centenario. Acceso principal" en *Arquitectura*, Revista de Arquitectura 57, Buenos Aires, agosto y septiembre de 1909.

LOCATI, Atilio. "Exposición industrial del Centenario. Pabellón de Mendoza" en *Arquitectura*, Revista de Arquitectura, 64 y 67, Buenos Aires, julio-agosto de 1910 y enero-febrero de 1911.

——. "Exposición industrial del Centenario. Entrada principal, patio del kiosco de música y Pabellón de la Cía. de electricidad del Río de la Plata." en *Arquitectura*, Revista de Arquitectura 65, Buenos Aires, septiembre-octubre de 1910.

LOCATI, Atilio y otros. "Exposición industrial del Centenario" en *Arquitectura*, Revista de Arquitectura 67, enero-febrero de 1911.

LÓPEZ JIMÉNEZ, José: *López en la Argentina.* Córdoba: Impresiones humorísticas. Imprenta Argentina; 1920.

LOZANO MOUJÁN, José María. *Figuras del arte argentino.* Buenos Aires: A. García Santos; 1928.

MARIGLIANO, Cecilia. *Casa España, el soñado ideal.* Mendoza: Universidad Nacional de Cuyo-Facultad de Filosofía y Letras; 2004.

MARSAL, Juan F. y MANDILOVITCH, Miko. *Retorno de inmigrantes españoles de la Argentina.* Buenos Aires: Instituto Torcuato Di Tella; 1967.

MARTÍNEZ NESPRAL, Fernando y otros. "Ecos del modernismo catalán en el Río de la Plata". Buenos Aires: Universidad de Belgrano; 2006.

MARTÍNEZ SANTRADÁN, Faustino. "*Los ches*" en *Almanaque Gallego.* Buenos Aires: 1911.

MÉNDEZ, Patricia y GUTIÉRREZ VIÑUALES, Rodrigo. "Buenos Aires en el Centenario: edificación de la nación y la Nación edificada" en *Apuntes*, 3. Bogotá: Pontificia Universidad Javeriana, vol. 19, julio-diciembre, 2006.

MIGUEL VILADRICH (1887-1956). Exposición retrospectiva. Buenos Aires: Blanco de Andrés & Asociados; 1999.

MOLINOS, Rita; RAMOS, Jorge y SABUGO, Mario. "El Ojo del Amo" en *Summa + 47*, Buenos Aires, 2001.

MONNER SANS, R. "José Cardona" en *La Ilustración Artística* 1572. Barcelona, t. XXX, 12 de febrero de 1912.

MONTANE CASTILLO, Francisco. *Presencia andaluza.* San Juan: Ed. del autor; 1984.

MONUMENTO de los Españoles. Memoria de la Comisión Española del Centenario Argentino. Buenos Aires: 1927.

MORALES SARO, María Cruz y LLORDEN MIÑAMBRES, Moisés. *Arte, cultura y sociedad en la emigración española a América.* Oviedo: Universidad de Oviedo; 1992.

MORALES SARO, María Cruz y otros. *La arquitectura de indianos en Asturias.* Oviedo: Ed. Principado de Asturias; 1987.

MOYA, José. *Primos y extranjeros. La inmigración española en Buenos Aires, 1850-1930.* Buenos Aires: Emecé argentina; 2004.

MURGA, Ventura y otros. *La inmigración en la Argentina.* Tucumán: Facultad de Filosofía y Letras-Universidad Nacional de Tucumán; 1979.

NÚÑEZ SEIXAS, Xosé Manuel (edit.) *Galicia Austral: la inmigración gallega en la Argentina*. Buenos Aires: Editorial Biblos; 2001.

OLIVEIRA CÉZAR, Lucrecia. *Los Guerrico*. Buenos Aires: Instituto Bonaerense de Numismática y Antigüedades; 1988.

OLLEROS, M. L. *La inmigración española en la República Argentina*. Madrid, 1889.

ORTEGA Y GASSET, José. *Meditación del pueblo joven*. Madrid: Revista de Occidente; 1966.

ORTEGA Y MUNILLA José. *De Madrid al Chaco, un viaje a las tierras del Plata*. Madrid: Biblioteca Patria; 1917.

ORTIZ Y SAN PELAYO, Félix. *Vindicación de los españoles en las Naciones del Plata*. Buenos Aires: Librería La Facultad; 1917.

POSADA, Adolfo. *La República Argentina. Impresiones y comentarios*. Madrid: Librería General de Victoriano Suárez; 1912.

PRINS, Arturo. "Exposición industrial del centenario. Proyecto premiado en el Concurso de Proyectos de los Pabellones Generales" en *Arquitectura*, Revista de Arquitectura 56, Buenos Aires, junio y julio de 1909.

REYERO, Carlos. *La escultura conmemorativa en España. La edad de oro del monumento público, 1820-1914*. Madrid: Cátedra; 1999.

RODRÍGUEZ BARBERÁN, Francisco Javier. "Arquitectura historicista y ecléctica en la España del siglo XIX: breve resumen de tendencias, obras y autores" en AAVV. *Martín Noel, su tiempo y su obra*. Sevilla: Junta de Andalucía; 1995.

RODRÍGUEZ GALDO, María Xosé. *O fluxo migratorio dos séculos XVIII ó XX*. Santiago de Compostela: Xunta de Galicia; 1995.

ROJAS, Ricardo (1922). *Eurindia*. Buenos Aires: Editorial Losada; 1951.

ROSSI, Alberto. "El cartel de la Exposición Internacional de Arte del Centenario" en *Arquitectura*, Revista de Arquitectura 57, Buenos Aires, agosto y septiembre de 1909.

ROSSO, L. *Álbum gráfico de la República Argentina en el Primer Centenario de su Independencia 1810-1910*. Buenos Aires: L. J. Rosso; 1910.

RUBIO, José Luis: "La España del siglo XX ante Iberoamérica" en *Cuadernos Americanos 2*. México. Nueva época. I, vol. 2. Marzo-Abril, 1987.

RUSIÑOL, Santiago. *De Barcelona al Plata. Un viaje a la Argentina de 1910*. Navarra: Biblioteca Grandes viajeros; 1999.

SAITTA, Sylvia. *Regueros de tinta. El diario CRÍTICA en la década de 1920*. Buenos Aires: Sudamericana; 1998.

SALAVERRÍA, José María. *A lo lejos. España vista desde América*. Madrid: Renacimiento; 1914.

——. *Paisajes argentinos*. Barcelona: Gustavo Gili; 1918.

SÁNCHEZ MENÉNDEZ RIVAS, Florencio. *La emigración española a América; características sociales y regulación jurídica*. Madrid: Sáez Hnos.; 1930.

SANTALLA, Elda. *Julián Jaime García Núñez*. Buenos Aires: Instituto de Arte Americano-UBA; 1968.

SANTIGOSA, Carlos M. *El Río de la Plata. Montevideo, Buenos Aires (Recuerdos de viaje)*. Sevilla: Heraldo Sevillano; 1906.

SEGRETI, Carlos A. *Historia de nuestra Argentina. La obra de España*. Tucumán: Fundación Miguel Lillo; 1991.

SMITH, Paul. "América en la obra de Blasco Ibáñez" en AAVV. *Vicente Blasco Ibáñez. La aventura del triunfo. 1867-1928*. Valencia: Diputación de Valencia; 1986.

VALLE PÉREZ, Xosé Carlos (coord.) *Balneario do Lérez. Memoria Gráfica dunha época* [catálogo da exposición]. Pontevedra: Museo de Pontevedra; 1997.

VARELA SUANZES-CARPEGNA, Daniel y RODRÍGUEZ GALDO, María Xosé. *Galicia y América. Cinco siglos de historia*. La Coruña: Xunta de Galicia; 1992.

VILANOVA RODRÍGUEZ, Alberto. *Los Gallegos en la Argentina*, t. I. Buenos Aires: Ed. Galicia; 1966.

ZAMACOIS, Eduardo. *Dos años en América*. Barcelona: Casa editorial Maucci; 1912.

ZULETA, Emilia de. *Españoles en la Argentina. El exilio literario de 1936*. Buenos Aires: Atril Ensayo; 1999.

Revista semanal de la Asociación Patriótica Española

FUNDADA BAJO LA PRESIDENCIA Y DIRECCIÓN DEL Dr. ANTONIO ATIENZA Y MEDRANO

Director artístico: PEDRO DE ROJAS

REDACCIÓN Y ADMINISTRACIÓN: AVENIDA DE MAYO, 891

| AÑO V | BUENOS AIRES, 2 DE MAYO DE 1908 | NÚMERO ESPECIAL |

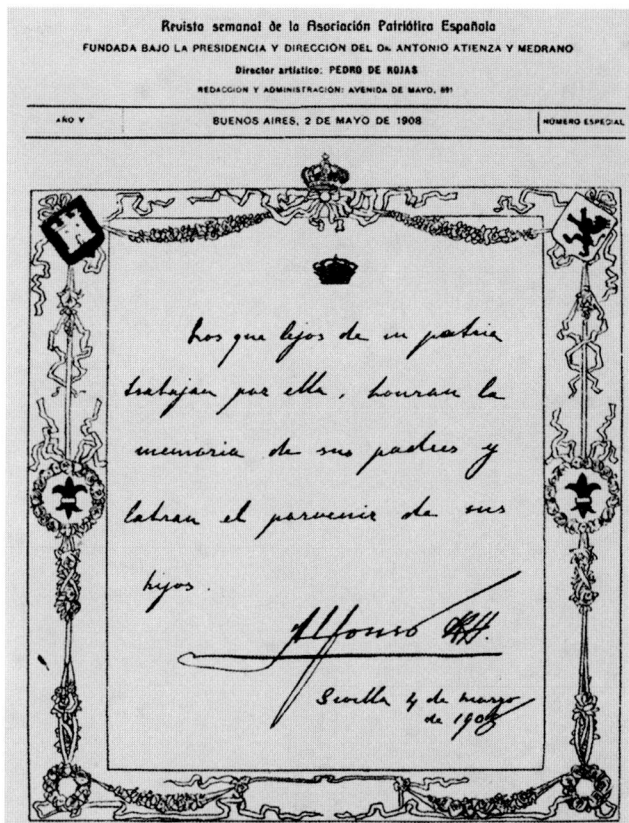

Los que lejos de su patria trabajan por ella, honran la memoria de sus padres y labran el porvenir de sus hijos.

Alfonso XIII

Sevilla 4 de marzo de 1908

"*Los que lejos de su patria trabajan por ella,
honran la memoria de sus padres y labran el porvenir de sus hijos*"

Alfonso XIII, Sevilla 4 de marzo de 1908.
En *Revista semanal de la Asociación Patriótica Española*,
Número especial, Buenos Aires: 2 de mayo de 1908

Este libro se terminó de imprimir en el mes de noviembre de 2007
en "Marcelo Kohan / diseño + broker de impresión"
Olleros 3951 2° piso, oficina 27. Ciudad Autónoma de Buenos Aires